“闲游”课程的开发与实践

主　编　俞红阳

副主编　赵嘉莉　干　群

顾　问　王家祥　许永民　姚向凡　孙英俊

编　委　（按姓氏笔画排列）

王　丽　朱华英　孙燕燕　李晓旭

邱　萍　林　洁　董文娜　蒋建芳

ZHEJIANG UNIVERSITY PRESS

浙江大学出版社

·杭州·

图书在版编目(CIP)数据

“闲游”课程的开发与实践/俞红阳主编. —杭州：浙江大学出版社，2023.11

ISBN 978-7-308-23737-6

Ⅰ.①闲… Ⅱ.①俞… Ⅲ.①幼儿园－课程－教学研究 Ⅳ.①G612

中国国家版本馆 CIP 数据核字(2023)第 075748 号

“闲游”课程的开发与实践

XIANYOU KECHENG DE KAIFA YU SHIJIAN

俞红阳 主编

责任编辑 王同裕
文字编辑 胡宏娇
责任校对 王品方
封面设计 雷建军
出版发行 浙江大学出版社
(杭州市天目山路 148 号 邮政编码 310007)
(网址：http://www.zjupress.com)
排　　版 杭州星云光电图文制作有限公司
印　　刷 杭州钱江彩色印务有限公司
开　　本 710mm×1000mm 1/16
印　　张 12.5
字　　数 157 千
版 印 次 2023 年 11 月第 1 版 2023 年 11 月第 1 次印刷
书　　号 ISBN 978-7-308-23737-6
定　　价 68.00 元

浙江大学出版社市场运营中心联系方式：0571－88925591；http://zjdxcbs.tmall.com

序　言

2017 年 11 月，浙江省教育厅颁布了《关于全面推进幼儿园课程改革的指导意见》，自此，浙江省各级各类幼儿园课改再次吹响了集结号。这次幼儿园课改中凸显的关键词是“园本化”，课程园本化的目的在于满足本园幼儿发展的需要，使课程更贴近、更适合本园的教育对象与本园的发展实际。翻阅《“闲游”课程的开发与实践》一书，可以感受到闲林幼教人近三年来课改之旅的努力与艰辛；可以看见初具规模的“闲游”课程带给幼儿、教师和家长的变化；可以说这本书是三年来闲林幼教人孜孜不倦追求高质量教学的成果，可敬可贺。

在开发课程、确定“闲游”课程框架时，闲林中心幼儿园详尽分析了地域性的、特有的课程资源条件，如闲林百姓历来喜爱龙舟、龙灯、马头灯、流星锤、拳术、滚灯等民间体育项目，孩子们在日常生活中也都耳濡目染。基于此，幼儿园依据培养目标，注重新时代幼儿教育的价值引领，将培养幼儿爱家乡的归属感和爱运动的好习惯作为切入点，通过“闲游”课程促进幼儿全面发展。课程内容和课程资源的挖掘、选择、组织和利用恰到好处，较好地平衡了当地资源与幼儿发展的关系，找到了两者之间的接洽点。

环境利用与创设是课程框架的重要组成部分，也是架构课程必须思考和实践的重头。幼儿园为了给孩子们创造具有“自然、挑战、多元、和谐”的“闲游”课程环境，开展了大量实践研究。其间，我到过闲林中心幼儿园几次，每次走进幼儿园都会发现新变化，特别是户外“创玩游戏”环境，有生态自然的野趣空间，如玩打仗游戏的野战营；有多种功能的区域场地，如闲林人家、丛林探险、闲创工匠等。为孩子们准备的游戏材料大多是取自大自然的低结构材料,如木头、砖头、竹子等。总之,"闲游"课程的环境利用和创设具有特色,深受孩子们喜爱。

在"闲游"课程实施中,老师们也大胆尝试项目化教学,这一点难能可贵。项目学习法的一个特点是:孩子发现问题,生成假设,然后验证自己的假设或者自己的理论,并表达他们的发现。可见,关键问题的驱动尤为重要。在这本书收录的"'炸弹'那些事""滚灯剧院""闲林老街"等课程故事中,我们都能读到基于幼儿问题引发的学习,如"纸球炸弹可以怎么玩?""怎么判断炸弹游戏的输赢?""滚灯是怎么制作的?""滚灯剧场谁来表演?谁来观看?""闲林老街与现在的街道有什么不一样?"……孩子们投入他们感兴趣的事,自主学习和发展。

这本书第六部分撰写的内容是关于"闲游"课程的培训和学习,我觉得很有必要。因为我们都明白课程的落地取决于教师的专业水平,幼儿园只有扎扎实实地开展园本培训及园本教研,才可能实现课程改革向好发展。这部分的内容对姐妹园有一定的启示。

路曼曼其修远兮,幼儿园课程改革永远在路上。虽然"闲游"课程还需要推敲、完善,有些观点及经验还显得稚嫩,但我们相信用"专业+钻研"去面对、去思考、去行动,一定会有收获,适宜的课程一定能滋养师生生命,让我们一起加油,共同成长!

杨蓉

2021 年 7 月

前　言

儿童身上往往具有一些共性的特点，其中一个是特别较真，他们往往会因为一件小事而揪着不放，这种较真表现在意志品质上就是执着的基础，会逐渐发展成人类求真的科学精神。所以当一个个小屁孩因为一点小事和我们较真的时候，我们要想办法好好保护他们的这种品质。

儿童想象力很丰富，经常有奇思妙想，大人问他“0”像什么、“1”像什么，他会回答出 N 种我们想不到的答案，这就是孩子创作能力的源泉所在。可惜的是，随着孩子们慢慢长大，受到身边无数的标准答案的教化，很多孩子年龄越大创作想象力反而越弱。

另外，儿童也非常率真，他们会因为一个小动物的不幸流泪伤心，也会因为取得一个小成果、小能耐而兴奋不已，在儿童身上，真、善、美体现得非常真切和生动，这就是我们追求的共有的价值理念。

我认为要重新审视儿童，审视儿童的每一个行为，在这个基础上，尊重儿童，尊重儿童的每一个想法，然后引导儿童的身心健康发展。尊重儿童就是尊重我们人类本身的发展。

挖掘、培养儿童的这些品质，要采取儿童能够接受，并且乐于接受的教学方式、方法。儿童最好的学习方式是游戏。儿童是天生的游戏玩家，游戏伴随幼儿的成长。皮亚杰认知理论指出：“游戏给幼儿提供了巩固他们所获得新的认知结构以及发展他们情感的机会。”国内外的诸多幼儿游戏理论均阐述了游戏对幼儿情感态度、经验、能力发展的重要价值。要让幼儿园教育促进儿童的生命发展和生长，最好的方式就是让他们玩游戏，利用游戏促进成长。

保护儿童的天性是教育人的任务，用游戏的方式来教育儿童，让游戏成为儿童学习的途径，这样教育出来的儿童往往保持着人的天真本性，像幼儿教育里的“安吉游戏”，就是一个很典型的成功案例。

在游戏的过程中，儿童身上的执着、奇思妙想、真善美表现得一览无余，这实际上是一种自由的创造，是对人生的价值、生命的热情、幸福生活的一种体验。儿童很容易体验到这种东西，而我们成年人往往因为生活压力大、社会责任多，慢慢地忘却了这种游戏精神。如果我们向儿童学习，保持这种积极向上、乐观向善的精神，始终以游戏的精神对待生活，那整个生活会变得更加美好，所以我们还是要向儿童学习。

儿童在幼儿园的学习生活是有课程的，要树立游戏和课程整合的新理念，让儿童从接受者变成一个主动者、参与者。

儿童游戏和课程整合的过程，对教师的要求是非常高的，关键是提高教师的专业素养，提高教师“观察”“分析”“选择”“生发”的能力素养。若要对儿童的行为做出有条有理、有理有据的分析，要求相当高。教师必须加强理论学习，必须花费时间、精力去探讨儿童游戏的理论、儿童发展的理论、儿童课程的理论，真正走进儿童的“游戏世界”，引导儿童的游戏行为。不然，这样的游戏教学往往会发展为“放养式”教学。

所以说，课程和游戏的关系，好比人的双手，左手是课程，右手是游戏。两只手怎么抓？孰轻孰重？这些问题是幼儿教育中出现各种难题的根源。要想双手产生合力，途径就是将两者有机结合，实现游戏课程的共生发展，从游戏出发寻找生长点，构建新的游戏，才能把游戏和课程有效地结合起来。

闲林中心幼儿园位于浙江杭州，地处余杭、富阳、临安三区交界，历史悠久。当地传统体育文化底蕴深厚，旧时传统的民间体育项目有拳术、划龙船和舞龙灯等；新中国成立后，篮球、乒乓球、康乐球等活动相继活跃于民间;滚灯、马头灯、流星锤等非物质文化遗产项目源远流长。街道的百姓历来崇文尚武,对孩子的体质健康尤为关注。在这个区域开展以游戏为重点的课程研究具有深厚的人文基础和群众基础。

目前,闲林中心幼儿园在开展课程研究的过程中,围绕地域特色,进行“闲游”课程开发,主要从以下几个方面进行游戏课程的实践。首先是做好游戏环境的打造,主要是整个幼儿园室外环境的原生态打造,以自然的“黄土”“绿草”色为基调,利用原生态的树、灌木、沟等现有资源,建立 CS 野战、攀爬、地道、挖掘、投掷、野餐、养殖、种植、水域等区块,并合理利用竹、梯、棒、铲、石、沙、砖等大量的低结构材料。至于是自主游戏还是工具性游戏,集体活动还是个别活动,没有严格的不可逾越的界限,关键是让儿童在室外环境中想玩、尽玩、畅玩。其次是结合传统与现代游戏的实践,开展传统的滚灯、拳术、舞龙灯、流星锤、马头灯等游戏,还让现代的足球、篮球、围棋、轮滑、机器人、七巧板等项目进入孩子们的课程。当然,目前闲林中心幼儿园做得最多的还是教师专业素养的提升工作,引领教师切实投入“游戏课程”的参与和研究中,这是重点,也是难点。目前,幼儿园积累了一些经验,探索了一些策略,孩子们的特色展示得到了省、市主流媒体报道,幼儿园被列为全国足球特色幼儿园。但是,目前研究的深度、广度都还不够,有待同行的指导。

俞红阳

2021 年 5 月

目　录

第一部分

“闲游”课程的基本概况

一、园所历史

杭州市余杭区闲林中心幼儿园创办于1950年，前身为闲林中心小学附设幼儿班（图1-1）。1985年上半年，幼儿园单独新建教学大楼，占地0.1公顷，建筑面积360平方米，开设3个班，有民办教养员3人，在园幼儿82人。1999年，更名为闲林镇中心幼儿园（图1-2），设4个班，在园幼儿111人。开设语言、常识、计算、美术、体育、音乐、游戏等课程，施教区3～5周岁幼儿入园率达到98%，学前一年入园率达到100%。

2000年6月，幼儿园改为股份制，原闲林镇中心小学所有校舍改建为闲林镇中心幼儿园（民办性质）。2004年，根据“政府所在地必须有一所以上公办幼儿园”的要求，闲林镇政府对闲林镇中心幼儿园（民办性质）进行改建，8月19日成立“闲林镇小蝌蚪幼儿园”（公办性质）（图1-3），开设6个班，有教职工12人，在园幼儿120人。2011年10月，因行政区域更名，闲林镇更名为闲林街道，闲林镇小蝌蚪幼儿园更名为闲林中心幼儿园。

图1-1　闲林中心小学附设幼儿班

图1-2　闲林镇中心幼儿园

图 1-3　闲林镇小蝌蚪幼儿园

截至 2020 年 7 月，闲林中心幼儿园设中心、和睦、民丰、里项、方家山、黄坡岭六个园区，共 63 个班，有教职工 240 人，在园幼儿 1885 名。随后由于闲林街道学区划分，闲林中心幼儿园调整为四个园区：钱家岭园区（图 1-4）、西溪源园区（图 1-5）、方家山园区（图 1-6）、黄坡岭园区（图 1-7），共 47 个班，有教职工 185 人，在园幼儿 1419 名。

图 1-4　钱家岭园区

图 1-5　西溪源园区

图 1-6　方家山园区

图 1-7　黄坡岭园区

历经 70 多年的风风雨雨，时至今日，闲林中心幼儿园先后获得"2020 全国足球特色幼儿园""杭州市示范家长学校""杭州市棋类项目进课堂共建学校""余杭区规范化学校""余杭区语言文字规范化示范学校""余杭区无烟单位""余杭区随班就读试点单位""余杭区 5A 等级平安校园""余杭区巾帼文明岗""余杭区绿色学校""杭州市劳技奇迹创意先进单位"等多项荣誉。

二、区域文化背景及资源条件

闲林，又称闲林埠，是京杭大运河南端闲林港畔的一座文明古镇，地处余杭、富阳、临安三区交界，历史悠久。闲林因其水路两便的优越地理条件，成为周围百十里范围内农副产品的集散地，成为商贾云集、买卖兴隆的重要商埠，故称闲林埠或直接称"埠头"。相传两晋时期，这里就是闻名遐迩的风景胜地，此后历朝历代备受推崇，达官贵人闲居林下、修身养性，文人雅士赋诗作画、赞美有加。

闲林中心幼儿园位于余杭区西南，当地体育文化底蕴深厚，旧时传统的体育项目有拳术、划龙船和舞龙灯等；新中国成立后，篮球、乒乓球、康乐球等活动活跃于民间；滚灯、马头灯、流星锤等非物质文化遗产项目源远流长。闲林镇多次获得"全国群众体育先进单位"和"浙江省群众体育先进单位"的称号。闲林境内 8 个行政村、4 个社区，都有自己的文体队伍和体育场地。街道建有集文化、娱乐、休闲、健身于一体的综合性开放式公园——方家山文化主题公园，还有多功能综合性体艺馆。街道的民众历来崇文尚武，经常性开展多种形式的运动会，如人民运动会、老年人运动会、社区运动会，大家对孩子的体质健康尤为关注。

第二部分

“闲游”课程的开发

一、"闲游"课程的历程

闲林中心幼儿园的"闲游"课程大约经历了以下三个阶段。

(一)第一阶段:统一课程(1952—2015)

闲林中心幼儿园一直秉承"一切为了孩子"的办园理念,认真贯彻国家的教育方针,这一阶段统一以省编教材为课程核心内容,注重培养幼儿良好的生活习惯及动手能力。

(二)第二阶段:"五味体玩"课程(2015—2017)

"五味体玩"课程是以儿童健康为基础,以《3～6岁儿童学习与发展指南》《幼儿园教育指导纲要(试行)》为引领,着力从"身体健康"和"心理健康"两个方面出发,围绕"基础性课程""拓展性课程",进行园本课程设计,结合本园的实际情况,以"健康'玩'美童年"为育人理念,从"乡味""鲜味""美味""趣味""品味"等"五味"入手,以器材为载体,开发"五味体玩"的园本课程主题群(图2-1)。

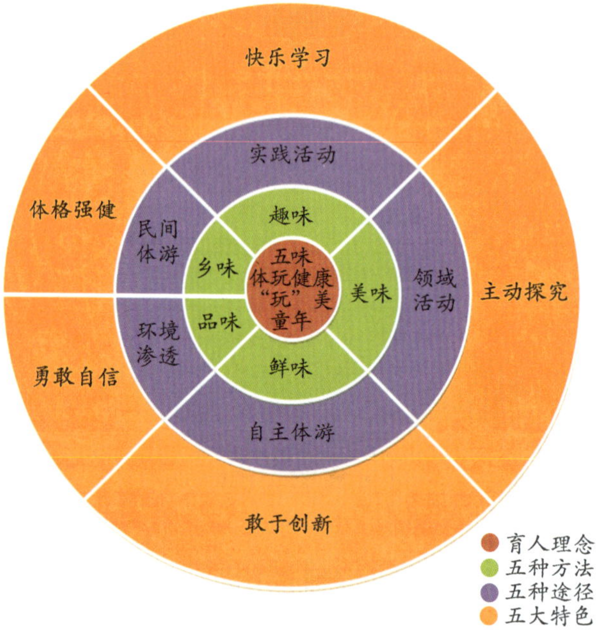

图2-1　五味体玩　健康"玩"美童年

从教师预设展开的“五味体玩”活动和从幼儿兴趣点出发生成的“五味体玩”活动，是“五味体玩”课程的两种操作路径。一方面开展一些系统的体玩课程活动，另一方面以幼儿自主体玩为主，生成相关的课程内容。通过传统的民间体育游戏、幼儿园课程的实施，以及区域游戏、自主游戏的开展，多领域、全方位地培养健康快乐的幼儿（表 2-1）。

表 2-1　阶段性目标

阶段	幼儿年龄特点	课程预期目标
小班（3～4 岁）	此阶段的幼儿逐步摆脱以自我为中心，行为明显受情绪支配，学习按指令行动，喜欢跑、跳和踏小轮车等大动作，动作开始协调，但尚无法控制在一定时间内持续某一动作，小肌肉发展相对较迟缓，双手协调技能有了较大发展。	有良好的情绪状态，愿意参加各种体玩活动。
中班（4～5 岁）	幼儿身体的各个器官、整个身体系统处于不断发育的过程中，但发育不够成熟。大肌肉发展较为迅速，动作发展有了明显的提升，能较灵活地控制自己身体的运动方向，并且懂得尊重别人，能用适当的方式表达自己的感情和需要。	喜欢参加体玩活动，有创新的动力以及合作精神。
大班（5～6 岁）	自我评价能力逐步发展，情感的稳定性和有意性增强，规则意识逐步形成，可以运用比较复杂的运动技巧进行活动，探究、冒险的欲望增强。	敢于探索各种体玩活动，勇敢、自信、敢于创新，具有良好的身体素质。

在“健康‘玩’美童年”的理念引领下，立足“五味”，我们的教学采用“教研合一，边教边研”的形式予以实施。“五味”由以下几个部分组成。

1. 乡味——民间体游

闲林有许多传统的民间体育游戏。幼儿园前期在搜集民间体育游戏的基础上汇编了民间体游活动集。教师将这些内容再次筛选、重构，让幼儿能在活动中感受传统游戏的文化底蕴。

2. 鲜味——自主体游

幼儿有一百种发现的方式，一百种游戏、快乐和爱的方式，一百种成长的方式。我们鼓励幼儿积极参与体验各种游戏活动，让他们在自主游戏中专注探究、敢于创新。

3. 美味——领域活动

将游戏与幼儿园五大领域课程中的内容高度融合。在此基础上，设计、提炼、整合与教学活动自身相吻合的游戏，提高教学效果，实现五大领域游戏化，比如从科学的领域进行科学类游戏的思考。玩耍和游戏有机结合，令幼儿在恰当适宜的游戏中找到乐趣。

学习性区角活动作为领域活动内容之一，也为幼儿提供了充分的活动空间。在区域中，五大领域游戏化的活动得以继续延伸，让幼儿在游戏化的活动中发现、探索、成长。

4. 趣味——实践活动

实践活动包括园内活动和园外活动，更有亲子活动、参观活动、节日活动等多种形式。教师可以依托不一样的活动形式，与园本课程中的体玩巧妙结合，无限拓宽活动领域。

5. 品味——环境渗透

潜移默化的环境渗透着园所的课程观。在物质环境中，园内装饰、游戏环境创设、各种材料的选择与搭配等，都可鼓励幼儿以自己喜欢的表达方式参与创设，通过多元表达促其多维发展。在精神环境层面，如教师的教育观念和行为，幼儿园集体氛围，师幼之间的和谐关系等，都体现了园所的课程文化。

在开展了近三年的“五味体玩”课程后，五味活动的内容和目标越来越聚焦，更具整合性，课程模型已经基本形成(表 2-2)。

表 2-2　2015—2017 年课程获奖情况一览表

2015—2017 年课程相关获奖情况	**2015 年度**	课题《妙手天成——小班幼儿手指游戏促进亲子关系的实践与研究》获区级立项
		课题《以童谣游戏，优化农村幼儿常规建立的实践研究》获区级立项
	2016 年度	课题《结合“民间游戏馆”开展混龄走动式游戏的研究》获区级立项
		论文《民间游戏在幼儿律动教学中运用的策略研究——以大班音乐活动“跳格子”为例》获区级立项

续表 2-2

2015—2017 年课程相关获奖情况	**2017 年度**	课题《爸爸助教团——中班幼儿民间体育游戏德育载体的开发与实践》获区级立项
		汇编民间体育游戏活动手册《探究·勇敢·自信·快乐的民间体游活动集》《家园携手·师幼成长——民游童谣·玩说同行》《民游美玩·创玩童画》《小棋盘·大智慧》

（三）第三阶段：“闲游”课程（2017 年至今）

2017 年后，幼儿园更注重兼容并蓄地拓展课程，以民间体育游戏为载体，传承“以爱育爱，尊重你我，健康一生”的园所文化，通过对地方文化资源的挖掘，传承、创新民间游戏的多种玩法，培养幼儿对地方文化的情感；以幼儿身体素质为切入点，有目的、有计划地开展适合幼儿的游戏活动，使幼儿的身体素质在经常性的练习中逐步得到提高；在游戏的过程中，鼓励幼儿对低结构材料进行探索和游戏，让幼儿感受游戏的趣味性；鼓励幼儿大胆想象、大胆思维、大胆创新，敢于提出自己的观点，生成新的活动，产生进一步探究的强烈欲望。

近年来园区内教师通过教研活动、组织论坛、特色展示等形式，进行交流和探讨。在“闲游”课程建设的背景下，以人为本的课程文化得以传承，特色化的教育成果丰硕，各园区也在课程研究中形成了“优劣互补”“资源共享”“特色互融”的模式，在实施中真正融为一体，做到“理念共享、资源共享、方法共享、成果共享、利益共享”，最后形成“特色闲游”，同时，加强课程建设，深化教学内容和教学方法改革，提高教学质量，促进专业建设和教师队伍的建设。

自 2017 年幼儿园成为余杭区课程改革示范园以来，幼儿园得到了浙江省特级教师杨蓉老师的指导，教师们的教学理念有了很大转变，尤其是“闲游”课程建设，为幼儿园提供了全新的教育理念及课程愿景。这不仅是幼儿园品质建设的需要，也是教师自身发展的需要，更是儿童终身发展的需要。自此，幼儿园提出了“以观念转变为先导，以课程建设为核心，在课程建设过程中提高教师专业化水平，推动幼儿园办园质量的全面提高"的总体思路。

二、"闲游"课程的目标

(一)"闲游"课程理念

2001年国家颁布了《幼儿园教育指导纲要(试行)》(以下简称《纲要》)并把健康列为幼儿教育五大领域之首，幼儿体育成为幼儿教育的重要教学组织形式。《3～6岁儿童学习与发展指南》(以下简称《指南》)在健康领域中提出了诸多教育建议：利用多种活动发展身体平衡和协调能力，如走平衡木或沿着地面直线、田埂行走；开展丰富多样、适合幼儿年龄特点的各种身体活动，如走、跑、跳、攀、爬等；为幼儿准备多种体育活动材料，鼓励他们选择自己喜欢的材料开展活动；等等。体育是以身体运动为基本手段的教育，刘焱在《儿童游戏通论》中指出，"学习运动"是指游戏活动中，幼儿可以学习运动的基本技能，提高运动的质量，使身体和运动能力得到发展；"通过运动来学习"，是指游戏活动也可以促进其他方面的学习与发展。

在"闲游"课程的实践过程中，我们通过对地方文化资源的挖掘，传承、创新民间游戏的多种玩法，培养孩子们对地方文化的情感；以提升幼儿身体素质为切入点，有目的、有计划地开展适合幼儿的游戏活动，使幼儿在经常性的练习中逐步提高身体素质；在游戏的过程中，鼓励幼儿对低结构材料进行探索和游戏，让孩子感受到游戏的趣味性；鼓励幼儿大胆想象、大胆思维、大胆创新，提出自己的观点，生成新的活动，产生愿意进一步探究的强烈欲望。"闲游"课程设计了全方位的课程内容，创设了多元的载体和平台，为幼儿提供了一个自然、开放的教育环境，满足了幼儿强健体格、增强自信、自然成长的需要。

(二)"闲游"课程关键词

"闲游"，指幼儿在游戏和活动中按照自己的意愿，自主、自发、自由地参与游戏，多元表达自己的想法，从而促进个性化发展。

“闲游”：依托闲林地域性资源优势，充分挖掘园所周边独特的人文、自然资源，以幼儿为主体，以资源为依托，引领幼儿走进大自然、大社会，融幼儿的兴趣、好奇心于游戏、主题、日常生活和节庆活动中，致力于培养他们的合作意识、探究能力、劳动素养等学习品质。“闲游”课程立足幼儿的成长需要，指向未来社会的需求，深度挖掘特色课程资源，促进幼儿全面发展，实现园所内涵提升。

随着“闲游”课程推进、实施，我园逐渐探索出了一条适合本园的发展道路，形成了幼儿健康、勇敢、自信、探究品质养成的途径，形成了培养幼儿未来成长力的“闲游式”课程模式。“闲游式”是指伴随着“闲游”课程的架构、推进、实施而形成的适宜于本园的特色课程模式，它具有自然、挑战、多元、和谐的特点，是园本的核心素养教育方案。

“闲游”课程关键词：生活、整合、开放、悦享

1. 生活

生活，指在科学方法的指导下将生活经验融入课程。生活世界是儿童教育发生的场所，也是教育意义得以建构的场所。课程只有融入生活世界才能为生活的发展提供滋养，关注个体生命的课程必须在生活世界中进行。课程内容的源泉就是从儿童的生活经验出发，基于生活，融入生活并选择生活。并不是所有的生活都是课程，因此需要对生活进行价值选择，只有有助于生命成长，有助于儿童经验提升的生活才可以进入课程。“闲游”课程的内容既来自幼儿的生活，又满足幼儿身心发展的需要，并经由教师根据班级幼儿的情况适时筛选、调整和补充，形成一个动态的过程，体现师幼共建。

2. 整合

整合，即课程应充分考虑幼儿园各园区传承的轮胎大集合、球球总动员、"筷"乐童年、大显"绳"通、圈圈大联盟等课程开发主题，倡导园区文化。从幼儿实际出发，在课程体系各要素和成分之间形成有机联系，强调各领域的均衡与统一发展。以主题的方式来整合特色课程，各领域之间相互渗透和融合。在课程实施的过程中，根据不同层次教师的发展水平和专长鼓励迎接挑战，张扬个性，促使教师之间优势互补、各显其能；同时应考虑到幼儿园所处的人文环境和地域环境，有效挖掘和利用现有资源，因园制宜，因地制宜，相互整合。

3. 开放

开放，指园本课程的实施是一个自主、开放的发展过程。一方面表现为教师在课程实施的过程中具有一定的自主空间，可以根据班级的具体情况，自主安排基础课程内容，自主选择特色课程内容；另一方面表现为在幼儿一日活动过程中，教师应根据幼儿的需要，提供多层次、多选择的活动材料，创设开放的、宽松的、愉悦的活动环境，让幼儿自由选择、自主发展。同时在课程不断园本化的过程中，整合周边社区资源，逐步创建社会、家长、幼儿园共同教育平台，促进课程园本化的形成。

4. 悦享

悦享，即快乐分享，指将两个以上概念或事物按一定方式联系起来，互相达到某种目的，并在和别人分享新事物后带来欢乐、幸福、好处等行为。对园本课程已有的课程资源，运用新思路、新方法、新观点，创造性地进行课程改革与创新，并使各园区达到"理念共享、资源共享、方法共享、成果共享、特色互融"的愿景，在关怀、宽容、欣赏、平等的环境下，愉悦共享学习资源，共同创造真、善、美的人生。

闲林中心幼儿园从儿童主体需要出发，将园区的文化与资源以一定的方式进行架构，达成融通整合，创改新的教育课程，运用新思维、新发现、新手段，创造性地开发课程。"闲游"课程的实施在师幼创生中动态发展，在共享中螺旋上升，从简单“分享”到互补“共享”，立足区域文化和自身基础，打好自己的“底色”；对原有的园区文化进行传承与开发，形成“特色”；挖掘自身及周边的人文、环境等资源，添加“彩色”；在课程实践的过程中，理念共享、资源共享、方法共享、成果共享，形成“有人性、有美感、有温度、有故事”的课程愿景，打造一支有看法、有想法、有办法、有做法的师资队伍。因此，“让每一个儿童健康成长”是实施课程的最终目的，“让每一个教师自主发展”是实施课程方案的重要保障。

三、“闲游”课程的架构

“闲游”课程（图 2-2）以培养创造探索、共享智慧、健康活泼、勇敢自信、独立自主、合作进取、富有个性的儿童为目标。在此基础上，依据“闲游”课程的理念，在目标设置时关注幼儿情感、态度、能力、知识、技能等诸多指标的整体发展。

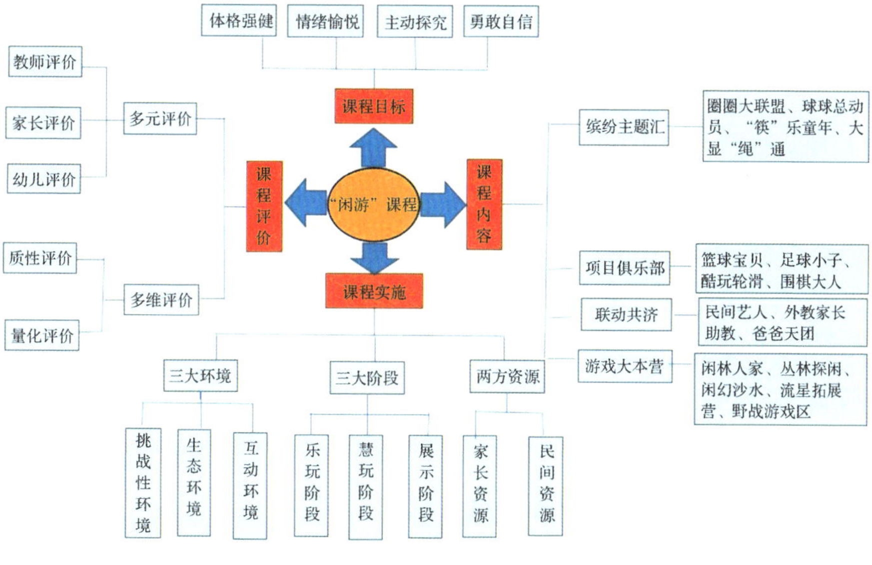

图 2-2　“闲游”课程框架图

各园区认真学习、领会《纲要》和《指南》精神。结合幼儿的发展状况，以此来确定该园区幼儿的发展目标，并在此基础上修订和完善各年龄段幼儿的发展目标，落实在常见的"集体活动""小组活动""游戏活动"中，使目标更细化、具体化，形成目标的层次性，在主题目标实施的同时也关注各领域之间的有机联系、整合和渗透，以保证幼儿身心健康、和谐发展总目标的落实(图 2-3)。

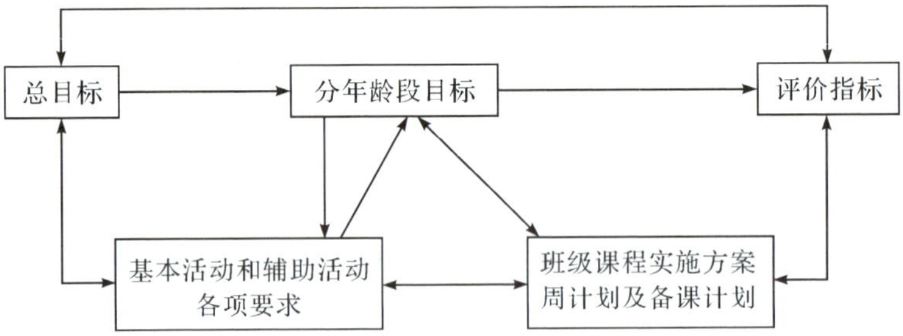

图 2-3 "闲游"课程目标层次图

无论是课程内容还是目标，都充分体现了生活、整合、开放、悦享的课程理念。在此基础上，考虑到教师的自主性和幼儿的兴趣，为明晰幼儿学习和发展的可能性，因此在课程预设时我们进行了适当留白。

"闲游"课程是一种以幼儿生活为基础，以游戏和活动为基本活动形式，以幼儿自主的探究学习为主要方式的活动型、综合性课程。"闲游"课程紧紧围绕"生活""整合""开放""悦享"这四个关键词，本着能促进幼儿身体、认知、能力、社会性、情感性各方面全面发展的原则，基于生活，基于幼儿的已有经验，并以"健康运动""社会生活""科学探究""语言交流""艺术表现"这五大领域为基础内容，通过"缤纷主题汇""项目俱乐部""游戏大本营"等途径予以实施。

(一)课程内容的基本指导思想

1. 关注《纲要》《指南》

《纲要》《指南》中均指出幼儿教育活动应通过多种方式进行组织，应充分考虑幼儿的学习特点与认知规律，让各领域的内容

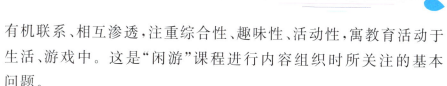

有机联系、相互渗透，注重综合性、趣味性、活动性，寓教育活动于生活、游戏中。这是“闲游”课程进行内容组织时所关注的基本问题。

2. 关注幼儿的身心发展特点与需要

幼儿课程内容应关注幼儿的特点，具备挑战性、前瞻性和拓展性。“闲游”课程内容的组织应基于幼儿的经验与生活，以幼儿发展需要为前提，在关注幼儿现有发展水平、现实需要的基础上，追求更有利于其长远的发展。

3. 关注幼儿园已有的适宜的课程内容

经过多年的课题研究与教师长期的开发与探索，幼儿园积累与形成了一批比较固定与经典的课程内容，这些内容也应当成为“闲游”课程内容的重要组成部分。

4. 关注课程价值的多重性

课程内容的价值性是选择课程内容的首要考虑因素。在整个“闲游”课程中，幼儿身心发展的需要、教师专业成长的需要、课程完善与发展的需要、社会进步的需要等，都应统筹考虑。一门课程的主要内容能满足幼儿、教师和课程发展的各方面需要，这才是课程内容价值和生命力的最好体现。组织课程内容时，需要综合考虑以上多重课程价值，促进课程内容价值的总体提升。

（二）课程内容的来源

“闲游”课程的最终目的是实现幼儿的全面发展。因此，在课程内容的选择上，我们强调课程内容之间的有机联系，使其成为一个有机的整体，注重教育的整体性、全面性。从幼儿的实际出发，我们充分挖掘和利用各领域的内在联系，对课程内容进行合理、有效的整合，强调各领域的均衡与统一发展。

1. 来源于幼儿的生活

课程是有教育意义的生活，课程只有融入生活世界才能为幼儿发展提供滋养。课程内容的源泉就是从幼儿的生活经验出发，基于生活、融入生活并选择生活，是课程与生活的整合。《纲要》明确指出，幼儿园教育内容的选择要“既贴近幼儿的生活来选择幼儿感兴趣的事物和问题，又有助于拓展幼儿的经验和视野”。因此，幼儿园的课程内容，应来自现实生活，基于幼儿的生活经验，并把重点放在对幼儿生活的关注上，尤其是与幼儿有关的或幼儿可能感兴趣的事件上。

2. 来源于幼儿的兴趣

兴趣是幼儿最好的老师，从幼儿的兴趣出发来选择主题，可以较好地满足幼儿的发展需求并激发其探究兴趣，从而体现幼儿的主体性。因此，凡是幼儿需要的、感兴趣的，尤其是随时随地能在其生活、学习过程中产生和发现的，又是他们急于想知道或解决的问题，都应被及时地纳入课程和活动中。在选择课程内容时，教师要善于发现幼儿感兴趣的事物和偶发事件中所隐含的教育价值，把握教育的时机，提供适当的引导，牢牢把握“从幼儿的兴趣出发”这个方向。在多姿多彩的生活中，幼儿无时无刻不在经历着生动而有趣的变化，如在“又见足球”主题课程中，孩子们组建球队、竞争当球员、设计队服与奖牌、组建啦啦队……在这样的活动中，幼儿的经验受到了真正的重视，幼儿的学习与他们的真实生活紧密地联系在了一起。正是因为这些主题由幼儿自主探索、自主生成，而且大多是幼儿感兴趣的事物或是幼儿感到困惑的问题，所以能调动他们全部的智慧去研究、去探索、去发现、去尝试，并有效地去同化外部世界，构建新的认知结构。

（三）多元融通组建课程结构

“闲游”课程的构建，从开发到实践，再到优化，经历了几个阶段的探究。在“同质异格、以园为本、个性发展”的课程管理理念引领下，我们本着全面性原则、适应性原则和发展性原则，不断完善“闲游”课程结构，将“闲游”课程与各园区的课程做了有机、紧密的链接，使得幼儿园的课程既源于园所文化背景，又持续形成新的特色。在开发、实施、评价等过程中，逐步形成凸显各园区文化特质，促进幼儿全面、个性发展的课程体系。

钱家岭园区：因地制宜地创设具有自然野趣的户外运动场地，利用泥土地原本的地势资源打造小树林、战壕等富有挑战性的游戏空间。充分利用室内走廊、转角空间，围绕培养幼儿走、爬、跳、攀登、投掷、平衡等技能，创设多元化的运动馆，促进幼儿身体智能的发展。此外，还将课程内容进行多样化的主题推进，将基础课程与特色课程相融合。同时，结合幼儿兴趣与年龄特点，“量身打造”微项目活动，引进专业的围棋、篮球、足球、轮滑教师，拓展游戏化的运动课程，提升幼儿观察、判断、思维、反应等能力，培养他们团结合作、勇于拼搏的精神（图 2-4）。

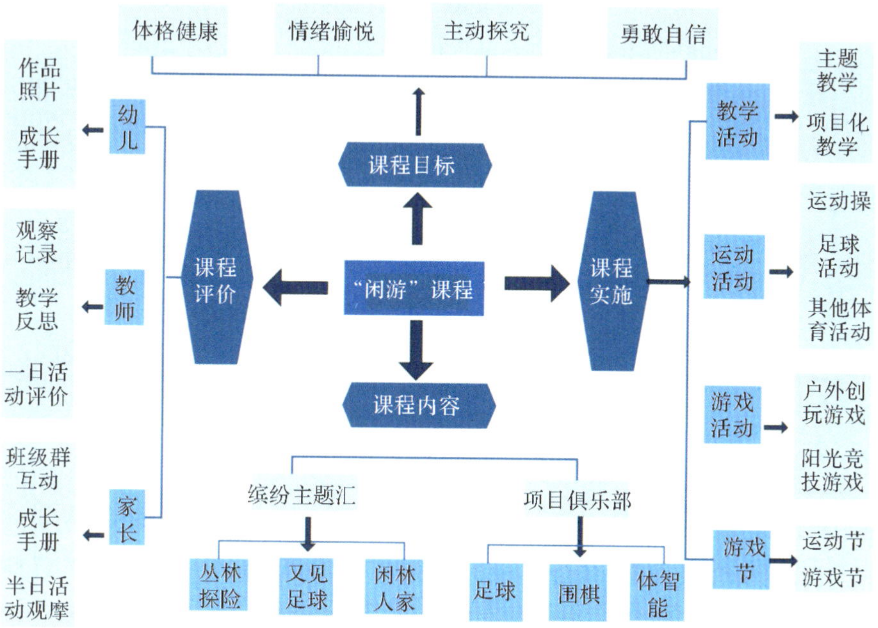

图 2-4 钱家岭园区“闲游”课程框架图

方家山园区：立足轮滑教育实践活动，开发“七彩轮滑”特色项目（图 2-5）。依托园本特色课程建设的前期基础，发展多元性的儿童运动，以红、橙、黄、绿、青、蓝、紫七种颜色为中大班轮滑队命名，并实施"七彩"体验、"七彩"评价、"七彩"发展。"七彩轮滑"项目课程将以园区"七彩轮滑场"为实践基地，采用统筹开设的方式，在一周的户外运动时间里为每队设置一节"七彩轮滑"课。课程内容主要以知识性、技能性、体验性为分类维度制定具体的课程内容、课程目标及教学方法。此外，我们还组建了"1＋2"七彩轮滑练习团队。"七彩轮滑"拓展课包括日常练习及实战训练两大内容；"旋风队"包含假日活动、社区活动、实战训练三大内容；"精英队"包含每日训练、假日活动、夏令营集训、实战训练四大内容。

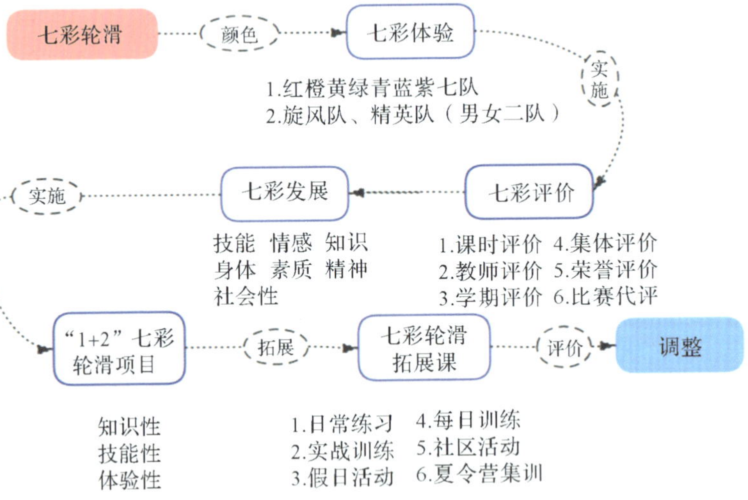

图 2-5 "七彩轮滑"框架图

黄坡岭园区：从最常见的体育器械材料——体操圈入手，拓展到竹圈、套环、铁环等多种环形材料，运用"圈圈"创新幼儿系列体能游戏活动，从而锻炼幼儿手脚协调、手眼协调、手脑协调和双侧肢体协调发展的能力，提高幼儿思维水平、反应速度和判断能力，促进幼儿体能、智能的发展。将"圈圈"与传统的民间体育游戏相结合，教师进行环形体育器械的活动方案的探讨、设计与改编，最后形成自己园区独有的环形体育器械活动课程(图 2-6)。

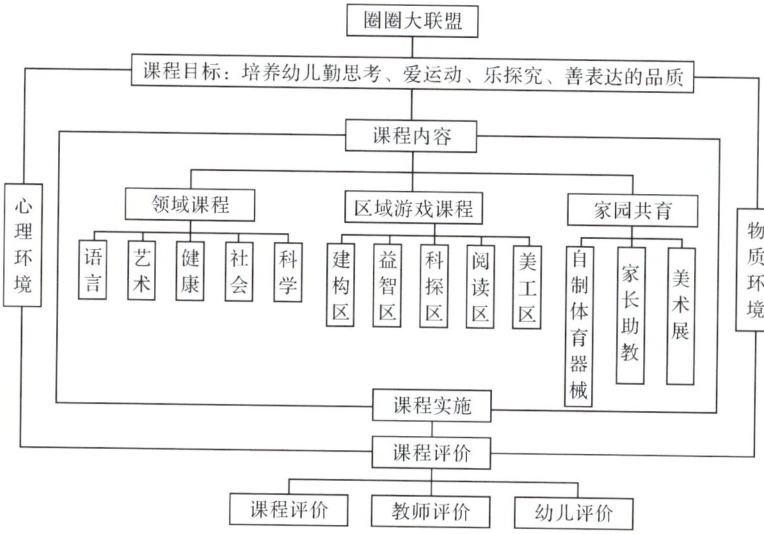

图 2-6 “圈圈大联盟”课程框架图

西溪源园区：“‘筷’乐童年”活动秉承“一日生活皆课程”的理念，以食物为载体，按不同主题生成五大领域教学活动、环境创设及亲子、社会教育等内容，帮助幼儿获得完整的学习经验，从而建构一套系统、专业的园本课程体系（图 2-7）。有机整合生活中的教育因子，选取有价值的教育内容，让幼儿在涵盖幼儿园、家庭、自然、社会等完整的、融合的生活中，获得锻炼，习得知识，懂得道理，得到成长，成为爱生活、会生活、乐享生活的小主人。

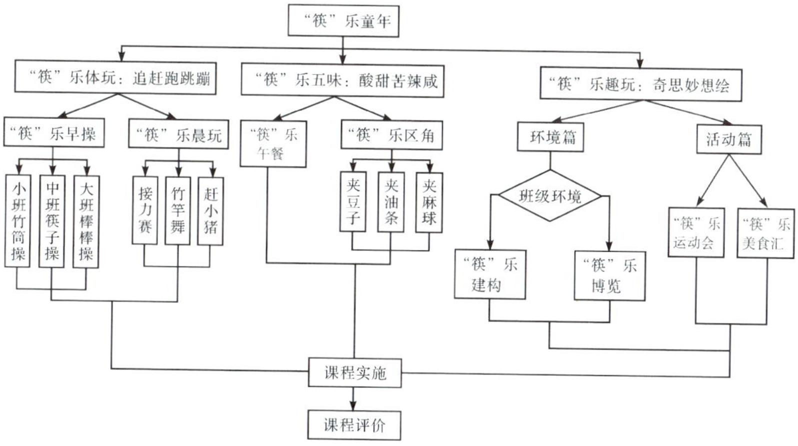

图 2-7 “‘筷’乐童年”课程框架图

民丰园区：球类游戏是体育游戏的一个重要组成部分。孩子们可以无拘无束地踢球、扔球、投球、拍球……遨游在球的世界中。在球类游戏中，球的特性能使孩子们对事物运动方向的改变产生思考和认识，提高孩子预测运动方向的能力，不但可以锻炼孩子的手腕力量，提高手眼协调性，还能增强孩子的反应能力。我们对球类游戏活动进行研究开发，并挖掘了极具地方特色的文化遗产，如滚灯球、流星球等，促进地方优质素材的融入，加入具有人文教育价值的元素，丰富幼儿们玩球的内容，使球类游戏更加精彩（图2-8）。

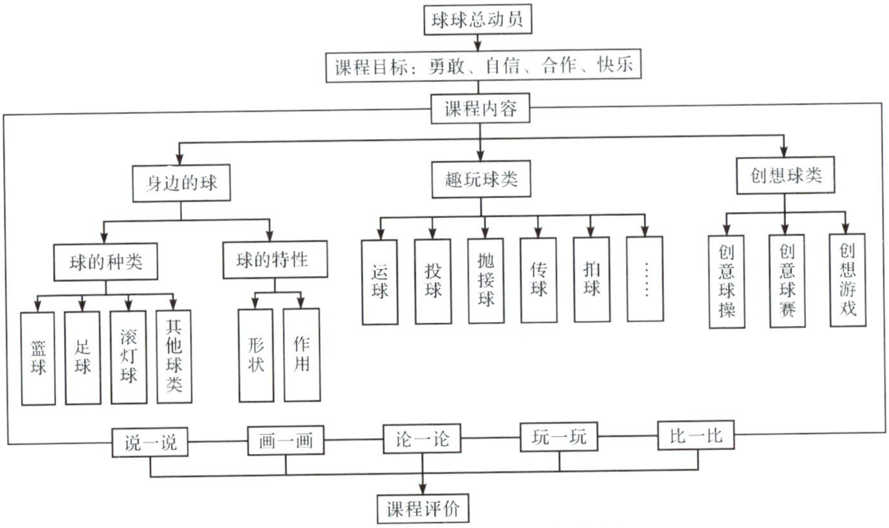

图2-8 “球球总动员”课程框架图

和睦园区：选择以“绳”为主要载体的轻器械开展活动（图2-9）。孩子们的周围到处都有绳子，编织的麻绳、打毛衣的毛线绳、扎头发的皮筋，以及他们最喜欢的跳绳……绳子具有可变性，也易于收集和操作。简单的绳子、有趣的游戏、多样的玩法，孩子们在一起探索绳子的同时，掌握的技能在不断地熟练和发展，新的技能也在不断地习得。通过丰富的活动，不仅让孩子们得到了体能上的锻炼，也让他们充分感受到了绳类活动的趣味。

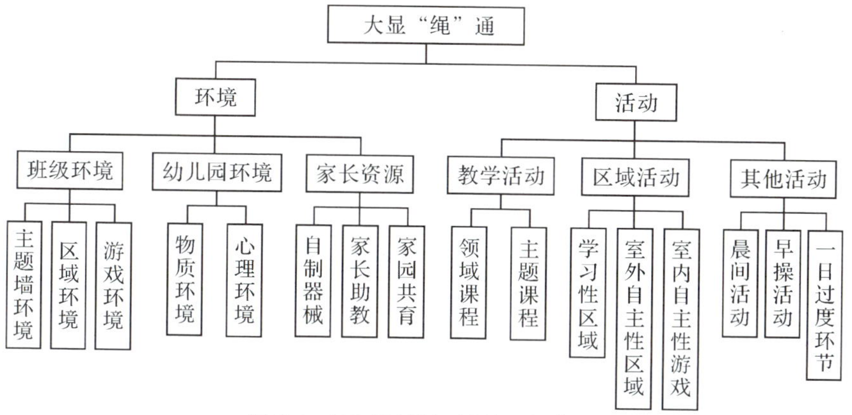

图 2-9 "大显'绳'通"课程框架图

(四)借助三大载体推动"闲游"课程的践行

借助"缤纷主题汇""项目俱乐部""游戏大本营"三大载体(图 2-10),推动"闲游"课程的践行。三大载体中的游戏内容是最直接落到儿童本身的,是"闲游"课程的核心载体,使课程开展行之有效,多维度地促进儿童发展。在一次次的思辨、革新、扩展中,将孩子、家长、教师之间的联动和社会网络之间的联动激活,延展至周边社会资源,共同充盈课程。

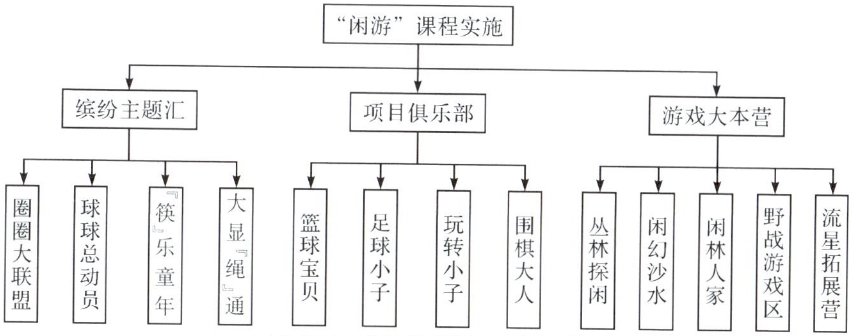

图 2-10 "闲游"课程三大载体

四、课程开发的主要技术路线

在"闲游"课程开发中,我们以背景分析—需求分析—确定目标—选择适宜的开发内容—课程实施—课程评价—调整开发内容为课程开发路线。在开发的过程中，我们强调动态性和对话性，将“闲游”课程开发看作一个连续、不间断的过程。

(一)课程的开发

课程背景要求幼儿园基于本园实际情况，整合优化各种课程资源，创设和营造最适合幼儿个性发展的环境，确立园所独特的发展方向。因此，对幼儿园的地理环境、教育资源、课程理念及标准都需要进行切实分析及考虑，只有在对园所内外的相关资源与环境进行是否符合社区、家长、幼儿需求的细致分析的基础上，我们所进行的课程开发才能更合理、有效。

本园教师富有爱心和责任心，在良好园风的熏陶下，教师专业水平不断提高，逐渐形成课程建设共同体。通过教师的即时观察、当场的活动调查、活动后的家长反馈以及教师对活动的自我反思等途径，我们对实践中出现的问题通过“问题—假设—行动—完善”的方式进行解决，形成结论，并形成了一支研究型骨干教师队伍。

我们通过问卷形式对本园家长的职业、学历、专长和教育态度等进行调查后发现，我园家长普遍具有较高的文化素养，且十分重视幼儿教育，部分家长对相关教育理论有一定的研究，积累了一定的家庭教育经验。

本园坚持特色创建研究，且有一定民间游戏的课题经验，为课题实践与开发打下了良好的基础。本园现有 92 位专任教师，教师队伍年轻有活力、善于思考、敢于创新。年轻教师通过与老教师进行师徒结对得到了快速的成长，部分优秀青年教师在课题研究方面已经具备了一定的实践操作经验与研究能力。优秀的师资队伍为课题实践与研究顺利开展提供了重要保证。

1. 需求评估与问题分析

在课程开发过程中，我们通过评估幼儿、教师、幼儿园的发展需要以及课程开发中的重要问题，确定活动目标，选择活动内容，调整活动策略，反思活动效果。

我园通过多年的研究、实践，形成了自己的教育教学特色，并初步构建了课程内容体系，但体系仍不够完善，课程的实施途径仍不够丰富，课程的评价方式仍不够多样。因此，我们需要建构一个基于幼儿园现状，与幼儿园师资、资源等特点相一致，有利于促进幼儿园和教师高效、全面、和谐发展的整体性课程体系。为此我们确定了以下几个问题作为课程开发的出发点：是否符合幼儿的年龄特点和兴趣需要？是否来源于幼儿的亲身经历及真实生活？是否符合我园的办园理念及标准？是否可供相关幼儿园借鉴？是否能促进学前教育学科的发展？是否能使每位教师积极参与其中，并与课程协同发展？

2. 确定课程目标

课程设计的基础是课程目标的设定，科学的课程目标有助于明确课程设计的方向以及课程内容的选择、实施及评价。杜威认为，教育是一个不断改组、改造、转化的过程，教育过程有其自身的目的。“闲游”课程根据《指南》《纲要》的要求，从本园的教育状况和幼儿的实际发展需要出发，制定课程目标。

3. 选择合适的课程内容

课程内容的选择是课程设计的核心问题，我们应充分了解幼儿的学习背景、兴趣爱好，创设适合幼儿发展的情境，激发幼儿的学习积极性。课程内容还应考虑到幼儿的生理、心理等方面的需求，有的放矢地促进儿童的个性发展和自我人格发展。我们必须认识到，选择出来的课程内容最终是为儿童的发展服务的。

4. 课程实施

“闲游”课程的实施围绕“缤纷主题汇”“项目俱乐部”及“游戏大本营”等展开，根据幼儿的年龄特点、兴趣爱好及园所实际情况，从“圈圈大联盟”、“掏羊锅”、走进仓前老街、玩转民间游戏等主题出发，开展了一系列“想象力课程”教学活动，让幼儿以多种形式表达自己，促进其想象力的发展。

5. 课程评价

课程评价立足于促进幼儿探究欲及自信心的培养，为幼儿的发展创造良好的物质环境和宽松的心理环境。教师、家长、幼儿等共同参与，形成多元主体评价。我们采取过程性评价与终结性评价相结合、定量和定性评价相结合的方式，积极运用调查表、主题档案、幼儿成长手册、观察记录表等多种评价工具进行评价。

（二）课程内容设计的技术路线

当课程进入实施阶段时，就需要使用课程内容设计路线来选择、确定“闲游”课程主题活动、领域活动和生活游戏活动的相关内容了。“闲游”课程内容设计的技术路线是教师在进行课程内容选择与设置时所遵循的思路。教师进行课程内容设计及选择前，需要对幼儿的发展水平进行评估，了解幼儿的需要、兴趣，选择适宜的课程内容。在进行“闲游”课程主题活动、领域活动和生活游戏活动的内容组织时，我们按照一定的路线进行整体设计。

1. 主题活动的设计路线

“闲游”课程内容以“缤纷主题汇”“项目俱乐部”及“游戏大本营”三大板块进行设计，融入五大领域中。同时，为幼儿创设良好的物质环境与宽松的心理环境，让幼儿通过多种形式表达自己。

主题设计阶段是搭建整个主题框架，对主题活动的线索和内容进行预设和计划的阶段。在本阶段，教师需要细致地考虑到与主题相关的各种可能性线索，并对这些线索进行初步筛选，为主题活动的开展提供目标指向、主要的活动内容和相关资源，为主题实施提供通道。同时，主题设计将预设与生成相结合，让设计路线成为一个动态的过程，及时把握幼儿的兴趣需要与产生的新问题，使主题活动设计灵活、充满弹性。

“闲游”课程中的主题设计技术路线是指教师在“闲游”主题活

动启动前，分析主题来源和挑战、形成主题关键经验、组织主题情境脉络、整合主题资源、预设和生成主题主要活动（系统、项目、游戏、生活）的过程。

“闲游”课程主题设计技术路线包括背景分析、关键经验、活动中可能面临的挑战、主题网络、情境脉络、预设与生成活动、可利用的资源等要素。这些要素在主题设计中独立存在并且相互联系。教师在进行主题设计时，不能孤立地去考虑这些要素，而是必须综合思考。

（1）背景分析

这是主题设计的开端，是对主题形成的认识和整理，是对主题价值和主题主要面临的挑战的反思，同时也是对幼儿已有经验的分析，了解幼儿的前期经验是主题实施的主要依据。在主题来源的叙述中会涉及这些问题：主题从何而来？在主题的形成过程中，幼儿已有哪些经验？可能产生的活动线索有哪些？

例如，在大班社会活动“足球知识挑战赛”中，教师进行了主题背景分析。足球作为一种运动，本身包含较强的游戏性，深受孩子们的喜欢。大班孩子有着强烈的好奇心，思维积极活跃，愿意学习新东西。但是，孩子们对足球的规则了解得不多，经常会提出一些问题：“老师，踢球时，怎么样算赢啊？”“足球比赛需要多少人啊？”……孩子们虽然对足球兴趣浓厚，但不明白足球比赛的具体规则，规则意识不强。针对孩子们提出的问题，结合《指南》中提出的教育要“让幼儿在积极健康的人际关系中获得安全感和信任感，发展自信和自尊，要在良好的社会环境及文化的熏陶中学会遵守规则，形成基本的认同感和归属感”，设计本次活动是很有价值的，让幼儿在活动中简单地了解替补、掷界外球、越位等手势，知道一些简单的足球比赛规则。同时，大班孩子有一定的探究能力和兴趣。通过阅读、调查、观察等多种方式，探究有关足球的小知识，获取更多有关足球的规则，从而促进幼儿规则意识的建立。

在背景分析中，首先是对幼儿已有经验的分析。我们通过调查表、谈话等方式收集信息，了解幼儿的已有经验，了解幼儿所关注的问题，筛选出主题可开展的线索，为关键经验的形成提供依据。

(2)关键经验

关于主题的关键经验，是指幼儿在该主题活动中所必须获得的重要经验。它主要依据《幼儿园工作规程》和《纲要》确定的有关幼儿发展的要求、情境脉络的主要活动线索、幼儿已有的经验等内容。

例如，在大班"篮球"主题活动开展过程中，教师通过幼儿对篮球的已有认识，形成了以下关于主题的关键经验：通过操作、摆弄，探索球在地面上和斜坡上滚动的现象，学习用语言和图画的方式创造性地表达自己的操作和体验；尝试按音乐节奏变换舞步和拍球的动作，体验音乐律动的乐趣；通过自由摸索、合作游戏，体验篮球运动的快乐。

(3)活动中可能面临的挑战

这是主题活动开展过程中教师对自己、幼儿、家长可能面临的问题和困难的预期和归纳，主要包括幼儿在主题活动中可能存在的学习、操作困难，教师主题实施中可能遇到的障碍，家长参与、协助主题实施时可能出现的知识性、经验性问题等。教师针对这些可能的挑战预先设计一些解决策略。

(4)主题网络

确定主题的来源、价值和挑战后，下一步要进行的就是编制主题网络。主题网络是"闲游"主题活动实施的脉络和线索，在"闲游"活动中，教师通过建构主题网络寻找主题活动展开的线索，并在此基础上进行主要活动的分解和展开。网络的建构是为了便于教师在主题设计时整理思路，归纳和理顺与主题有关的内容，形成较清晰的结构，从而方便主题的展开。

主题活动网络的确定具有持续性，其内容的丰富和完善贯穿主题实施的始终。在主题活动的设计过程中，我们并不可能形成完整的主题网络，只能将已经形成的线索、活动方向进行归纳、整理，组成基本骨架，为活动的进行提供基本的结构和线索支持，是其他后续设计活动继续进行的重要依据。

在“闲游”活动实施过程中，教师通过这几个方式建构主题网络：

第一，以要素为线索建构网络。要素式网络就是将主题根据性质分解成若干要素，并以这些要素作为展开线索的建构方式，常用于以特定的物品、生物体或场所为主要研究对象的主题活动。要素式网络有利于教师全面把握核心话题所延伸出的线索，有利于为幼儿提供完整的经验。

第二，以活动为线索建构网络。在此网络中，先预设主题的主要活动，并在这些主要活动的基础上预设或生成相关的项目活动、系统活动和游戏活动，这些主要活动，或成为主题中的活动，或成为主要活动线索。例如，在中班主题活动“绳子总动员”（图 2-11）中，其中“绳彩飞扬”“玩转绳趣”等都是主题网络中的活动，用实线标注的是主题活动实施前预设的活动，用虚线标注的是主题活动实施过程中生成的活动。

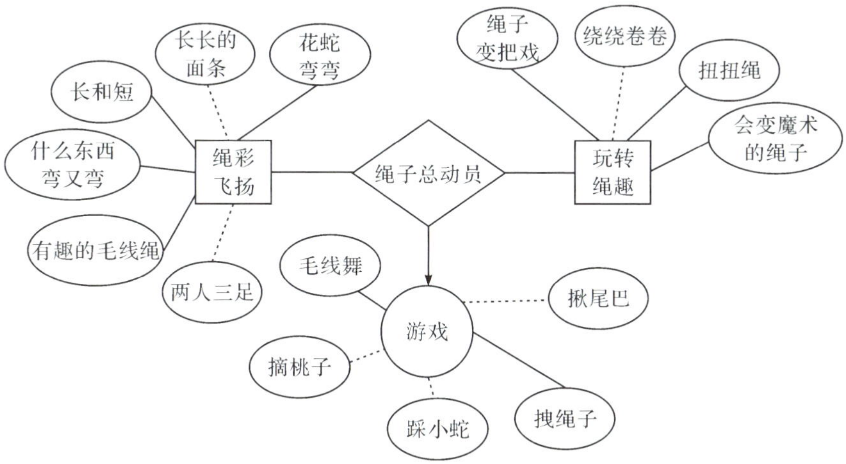

图 2-11 “绳子总动员”网络图

第三，以问题为线索建构网络。这类主题网络以问题作为展开线索，在回答问题的基础上完成主题网络的建构。例如，在大班主题活动“玩转足球”中，教师通过调查本班幼儿对足球的了解程度，形成了开展该主题的主要线索（图 2-12）：足球的特征、玩法、比赛规则等。

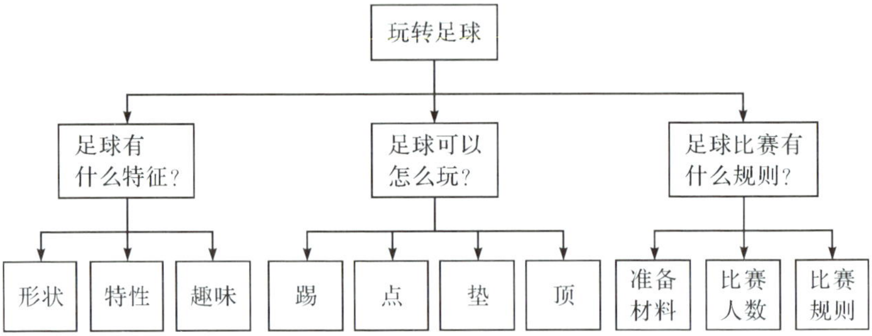

图 2-12 “玩转足球”网络图

第四，以情境为线索建构网络。在此网络中，主题分为几个相关情境，通过情境展开主题。例如，在大班主题活动“‘筷’乐童年”中，引导幼儿通过不同的方式来体验筷子的特征与趣味（图 2-13）。将筷子融入幼儿的晨玩、早操、教学活动等一日活动中，真实的情境会使活动更加富有针对性。

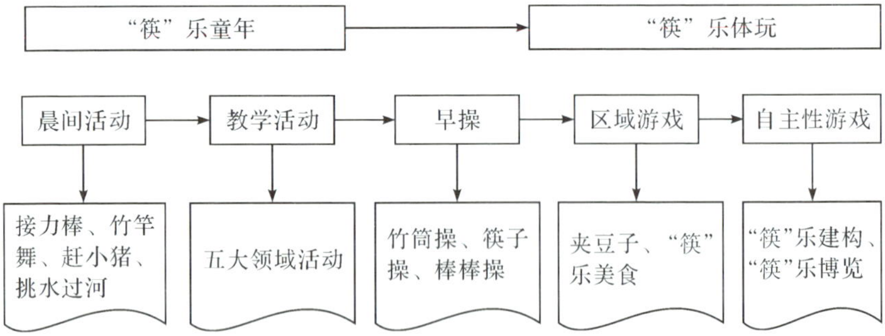

图 2-13 “‘筷’乐童年”网络图

（5）情境脉络

情境认知理论认为，幼儿的思维和学习在特定的情境中才有意义，所有的思维与学习都是在特定的情境脉络中进行的，不存在非情境化的学习，尤其对于低龄幼儿来说，更需要在真实的情境中学习。因此，在主题活动中我们需要为幼儿创设一系列相关联的情境，促进幼儿在主题活动中持续地探究学习。创建主题情境脉络，也就是让教师将主题网络中的各类线索梳理成为一系列动态的、相关联的、层层递进的情境组合。主题情境脉络的形成有利于教师更加完整地审视主题活动，将主题活动置于相互关联的多个学习情境中，促进幼儿更加完整、系统地学习。

不同班级的教师在进行相同主题教学时，会根据本班幼儿的发展状况开展主题活动，因此情境的顺序安排会发生一定的变化。例如，在小班"有趣的圈圈"主题教学中，有的教师通过调查的情境来启动，有的教师通过收集并观察圈圈来启动。

(6)预设与生成活动

"闲游"主题活动是有弹性的，其中含有预设与生成的因素。教师在主题开展前对主要活动进行预设，预设时以关键经验作为依据，着重思考活动线索，关注主题内部各领域内容的平衡，初步形成与主题相关的系统活动、游戏活动、亲子活动、生活活动等。同时，教师在主题实施中要及时把握幼儿与主题相关的新兴趣点、新需求点、新矛盾点和新价值点，利用幼儿或社会发生的热点事件，生成相应的项目活动，同时对预设活动予以补充与完善。

(7)可利用资源

在主题活动确定后，教师依据主题情境脉络，开发、选择适合主题活动实施的各类资源，并进行分析。这些活动资源是在整个主题活动中起决定作用的核心资源，主要包括人、动物、材料、信息资源及综合性资源等，同时教师对它们的价值、特性和组合方式进行分析。

环境创设也是资源分析中的一项重要内容。教师根据主题活动开展的需要，对班级主题环境和区域活动进行规划。主要思考内容包括主题墙创设、主题区域的情境设计和所需材料等。

2. 领域活动的设计路线

在领域活动的设计过程中，教师必须把握以下几点：

第一，遵循《纲要》的精神。这是教师在设计"闲游"课程领域活动时首要关注的问题。首先要对各个领域的目标、内容、要求及指导要点进行分解。这要求教师在进行课程领域活动设计前，对《纲要》各领域的有关内容进行解读和分析，研究幼儿在各领域的发展指向，了解内容设计要求，掌握领域活动的指导策略。例如，在科学领域中，教师可以从《纲要》中得到如下内容设计信息：科学教育的内容应来源于幼儿的生活，了解常见事物的特点，发现常见的科学与自然现象，引导幼儿关注一些简单的科学规律。教师在进行科学活动设计时应创设富有探究性的情境，让幼儿在其中通过自主或合作的方式，来发现问题、理解问题、分析问题并解决问题。教师在活动设计中提供丰富、严谨、富于层次的操作材料，引导幼儿运用多种感官、多种方式探索解决问题的方法。教师在进行科学活动设计时要注重培养幼儿对科学的兴趣，让幼儿养成严谨的科学态度，掌握记录、观察、实验等基本科学研究方法。

第二，确定适宜幼儿发展的活动目标和内容。教师在了解领域活动的内容要求和有关目标后，应对本班幼儿的学习与发展特点做出分析、判断，根据班级幼儿的整体发展水平选择适宜的领域内容，根据本班幼儿的兴趣与需要将领域活动的相关内容进行重新还原，将知识点转变为一系列可供操作和探索的活动。关注幼儿日常的生活，并及时从幼儿的生活中发现幼儿的兴趣点与感兴趣的事物，形成"闲游"领域活动内容。

例如，圆圈是孩子们常见的物品，孩子们很喜欢。小班，我们提供的是呼啦圈、套圈等单一材质的圈，从孩子们的兴趣出发，我们在班级区域里增加了科探区，投入不同材质的圈与木板。在区域游戏时间，一个小朋友问："哪个圆圈可以先到达终点呢？"有的说："肯定是塑料圈最先到吧，因为它最轻啊。"有的说："它们肯定一起到达终点，因为它们一样大。"大家各执己见。一个小朋友说："那我们来比赛吧，看谁的圈最先到达终点？"他的建议立马得到了小伙伴的一致同意。通过比赛，他们发现原来材料不同，滚的速度不同。在大家比赛的时候，有个小朋友过来问：“老师，为什么这些圆圈滚的路线不一样呢？”幼儿在一次次的尝试中发现问题。从幼儿的好奇心和兴趣出发，我们设计了科学主题活动“滚动的圈”。

第三，重视幼儿的认知特点。教师在组织领域活动的内容时，应遵循从易到难，由幼儿身边不断向周围拓展的原则，根据由近及远、从外到内等认知规律，在注重领域活动组织的层次性与策略性的前提下，促进幼儿最近发展区的发展。例如，在小班足球活动中，教师与幼儿一起收集足球，将足球带到班级，一起探索足球，在看一看、摸一摸、说一说、玩一玩、比一比中，认识足球、了解足球、体验玩足球的乐趣，并由足球出发，进一步认识其他球类的特征。

3. 生活活动、游戏活动内容的设计路线

生活活动、游戏活动往往贯穿于幼儿一日生活中，并与主题活动、领域活动相互融合形成幼儿的一日基本活动。教师在进行生活活动设计时，要充分发掘一日生活的各个环节，如早晨入园、晨间锻炼、教学活动、游戏与区域活动、餐前活动、起床活动……甚至一日活动两个阶段之间的过渡环节，都是渗透生活活动的重要过程，需要我们充分把握教育时机。

教师在进行游戏活动的内容设计时，要根据幼儿的兴趣、需要安排游戏活动，关注幼儿对相关游戏与生活经验的积累，充分利用主题活动、领域活动等内容，做进一步的拓展和延伸。教师应结合参观访问、记录等活动形式不断丰富幼儿的生活和游戏经验，促进幼儿社会性意识的形成，并关注游戏过程中环境设置、材料提供、空间安排等对幼儿游戏效果的影响。

第三部分

“闲游”课程的实施

一、“闲游”课程的实施途径

“闲游”课程的实施途径是实施课程内容的主要形式与方法，是将课程内容由静态计划变为动态活动的媒介。在此过程中，我园依托闲林区块地域优势，盘活两方资源——家长和民间资源的充分挖掘与利用，创设两大环境——生态野趣的环境和互动探究的环境相辅相成，进行幼儿游戏的三大阶段——乐玩、慧玩并展示玩的成果。

（一）盘活两方资源

1. 挖掘家长资源

家长是幼儿基本的教育者，也是幼儿园课程的重要参与者。家长是幼儿信息的提供者，幼儿活动的督促者，幼儿园课程材料的提供者，幼儿园活动的参与者，幼儿经验的提供者，幼儿园课程的审议者，幼儿园课程的评价者。在“闲游”课程建设的过程中，家长若能参与“闲游”课程的开发、推进，一定会对“闲游”课程产生非常有效的推动力。对此，我们主要做了两方面的努力。

（1）收集并整理家长的有效资源

我园地处杭州城西，毗邻未来科技城，新杭州人比例较大。家长中50%以上都为在杭务工人员，他们来自五湖四海，拥有丰富的地域资源和不同的生存技能。这些独特的技能及“活”资源都可以极大地丰富幼儿园的园本课程资源，为孩子们提供不同的体验机会。《纲要》在“指导要点”中指出：“社会学习是一个漫长的积累过程，需要幼儿园、家庭和社会密切合作、协调一致，共同促进幼儿良好社会性品质的形成。”我们一直致力于研究如何利用家长资源，挖掘和探索好这块宝地，使其发挥出更大的作用，推进“闲游”课程的有序发展。

我们对“闲游”课程下的家长资源进行调查、分析，教科室通过发放表格，请班级老师发动家长进行优势填报（表 3-1）。然后教科室协同班级老师共同对我园家长的优势进行分析，并分别将不同优势的家长进行分类，可分为“闲游”场地组、“闲游”义工组、“闲游”技能组（表 3-2）。在此基础上，家长成为课程的参与者，真正加入我园“闲游”课程的队伍中，定期对“闲游”课程进行场地、材料、游戏活动的推进，让“闲游”课程可以更加深入。

表 3-1　家长资源优势表

序号	班级	幼儿姓名	家长姓名	称谓	职业	优势	助教时间	家长资源分类
1	大一班	郭**	徐**	妈妈	教师	亲子游戏	提前预约	“闲游”场地组
2	大一班	熊**	熊**	爸爸	食品市场推广	擅长统筹	周一至周五	
3	大二班	娄**	娄**	妈妈	自由职业	时间空余	周一至周四	
4	大二班	陈**	徐**	妈妈	金融师	数据分析	周末	
5	大二班	许**	许**	爸爸	设计师	设计	预约	“闲游”义工组
6	大二班	许**	沈**	妈妈	花艺师	审美力	预约	
7	大二班	朱**	朱**	爸爸	设计师	宣传	预约	
8	大三班	吴**	吴**	爸爸	绘画	绘画游戏	预约	“闲游”技能组
9	大三班	郑**	王**	妈妈	客服经理	制作类	11 月底	
10	大四班	华**	唐**	妈妈	日语教师	语言游戏	周一至周五	
11	大四班	王**	李**	妈妈	城管局	认识植物	周一至周五	

表 3-2　家长资源分类

家长资源分类	主要负责内容
“闲游”场地组	负责“闲游”游戏场地的设计
“闲游”义工组	负责“闲游”游戏场地及材料的收集、整理
“闲游”技能组	负责“闲游”游戏活动的讨论、构思

（2）形成“闲游”课程的家长帮帮团

家长帮帮团是指我园家长根据自己的意愿，利用自身的地域、特长、技能等资源自愿组建，无偿利用自己的时间为幼儿园的“闲游”课程活动助力的团体。家长成员从五湖四海汇聚到杭州，他们的家乡分布广阔，资源丰富，家长们也各有所长。家长帮帮团是可能对孩子产生教育功能的资源的整合（图 3-1）。

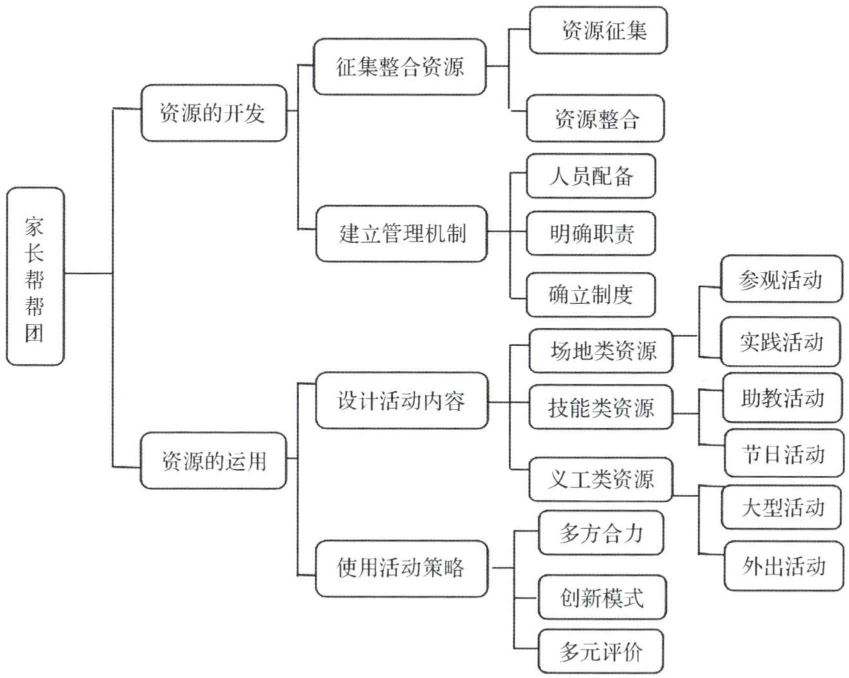

图 3-1 家长帮帮团网络图

家长帮帮团的建立能够明确“闲游”课程下家长资源的开发与运用。通过征集资源，建立管理机制，设计活动内容，使用活动策略，将家长的资源充分运用到“闲游”课程的开发中。在此过程中，有了家长帮帮团的助力，“闲游”课程变得更有广度与深度。

2. 引进民间资源

邀请社区中实力较强的游戏达人参与到我园“闲游”课程中，既能丰富我园的“闲游”课程，又能让幼儿获取更丰富的游戏体验。这主要包括以下三个方面。

(1) 前期：民间游戏资源的沉淀

从创园到 2014 年，我园一直在进行民间体育游戏的课程实践，积累了一定的民间体育游戏的活动策略和经验，也积累了一些过程性资料。在 2014 年到 2017 年期间，“闲游”课程工作组经过多次圆桌学习，整理并汇编了相关民间体育游戏的活动手册（图 3-2），包括《探究·勇敢·自信·快乐 民间体游活动集》《家园携手·师幼成长——民游童谣·玩说同行》《民游美玩·创玩童画》《小棋盘·大智慧》等。在2017年的"闲游"课程工作圆桌学习中，我园将民间体游的课程进一步园本化，沉淀前期民间体游的经验来丰富我园"闲游"课程。

图3-2 前期民间体游活动手册汇编

(2)中期：将民间资源加入幼儿活动中

我们整合周边的民间资源，包括打年糕、玩糖人、滚灯、流星球等。请民间艺人到我园参与幼儿的活动(图3-3)。比如：玩糖人成为年味节中的活动，流星球成为运动节中的项目等。在此过程中，民间艺人能够走进幼儿园，加入"闲游"课程中，让"闲游"课程真正玩起来。

图3-3 民间艺人系列活动

(3)后期：将民间资源加入主题课程中

主题课程中的资源来自周边、社区、家长。以主题课程"运'球'帷幄"(表3-3)为例，我园结合课程的需求，巧妙地将民间资源加入主题课程中，让主题课程得以深入地开展。

表 3-3　主题课程之“运‘球’帷幄”

<table>
<tr><td>主题名称</td><td colspan="4">运“球”帷幄——翻滚吧，滚灯君</td></tr>
<tr><td>主题说明</td><td colspan="4">球类游戏是幼儿喜闻乐见的一种活动方式，具有趣味性强、操作简单、对场地条件要求低等优势，对幼儿的手臂力量、腿部力量、身体协调性等能形成很好的锻炼效果，同时可以促进幼儿相互协作、团结友爱的精神，是非常适合幼儿身心发展的一种游戏。
为了让球类游戏的内容和形式更加丰富多彩，让幼儿更爱玩，玩起来收获更大，我们一直在持续不断地进行该游戏活动开发，让更多有趣味性和教育价值的元素融入进来。于是滚灯这一极具地方特色的文化遗产进入了我们的视野。滚灯属于民间球类游戏的一种，是一种孩子们喜闻乐见的民俗，对幼儿健康、艺术、科学等方面的素养培育具有强大的潜在功能。因此，我们将滚灯以游戏的形式进行挖掘和呈现，作为幼儿们身心成长的优质素材，生成了滚灯与球类游戏结合的“运‘球’帷幄”系列主题活动。</td></tr>
<tr><td rowspan="6">活动内容预设</td><td rowspan="2">语言</td><td>“滚灯”</td><td rowspan="2">目标</td><td>1. 通过认识滚灯，了解滚灯的历史。
2. 愿意大胆地运用较连贯的语句表述自己对滚灯的理解。</td></tr>
<tr><td>“球宝宝的一家”</td><td>1. 用语言和动作积极表达自己对故事情节的猜测和理解。
2. 懂得要做一个乐于助人的好孩子。</td></tr>
<tr><td rowspan="2">音乐</td><td>“快乐滚灯”</td><td rowspan="2">目标</td><td>1. 初步学会“滚灯操”的基本动作。
2. 体验和同伴一起律动的快乐。</td></tr>
<tr><td>“吹泡泡”</td><td>1. 在说说唱唱中进行气息训练，并学唱歌曲《吹泡泡》，初步尝试分组歌唱。
2. 有参与歌唱活动的兴趣，体验和朋友共同游戏的快乐。</td></tr>
<tr><td rowspan="2">美术</td><td>“玩转滚灯”</td><td rowspan="2">目标</td><td>1. 初步了解滚灯的形态及结构。
2. 培养对滚灯的喜爱之情。</td></tr>
<tr><td>“球球滚画”</td><td>1. 体验用球来印画的乐趣。
2. 能用自己喜欢的方式进行艺术表现活动。</td></tr>
</table>

续表 3-3

主题名称	运“球”帷幄——翻滚吧,滚灯君	
民间资源	游戏	邀请会滚灯表演的家长到幼儿园为幼儿现场表演,老师负责为幼儿讲解动作,并组织跟学,让幼儿掌握基本技巧。幼儿能够直观地感受滚灯的魅力,提高了他们对滚灯表演的兴趣和表演的熟练程度。
	材料	举办滚灯表演服装设计大赛,鼓励家长与幼儿一起设计滚灯表演的服饰,收集幼儿家庭设计的服饰设计图,进行展览、评比,并发放小礼物,进行奖励。
	助教	家长给孩子讲解滚灯的历史、小时候看滚灯或者表演滚灯的故事,给孩子表演、示范滚灯表演的动作。

(二)创设两大环境

1. 打造野趣生态的环境

(1)自然野趣的户外游戏场地

将原本杂草丛生的废弃地带打造成为幼儿运动所用的自然、野趣的环境。利用泥土地原本的地势资源,将之打造成小树林、坡地、排水沟、水池、绿地为一体的有高度、坡度、质地、植被等变化的游戏空间,包括“丛林探险”“闲林人家”“闲幻沙水”“闲绘画社”等(图 3-4)。

图 3-4　自然野趣的户外游戏场地

(2)多元智能的室内游戏场地

充分利用室内走廊、转角空间,围绕锻炼幼儿走、爬、跳、攀登、投掷、平衡等能力，创设多元化的运动区块，促进幼儿体智能的发展(图 3-5)。在室内走廊、转角空间，我们因地制宜地设置幼儿能够游戏的场地，让幼儿能够在此进行多样化的运动、游戏，从而增强同伴间的互助，提高幼儿的社会性。

图 3-5 多元智能的室内游戏场地

2. 预设互动探究的环境

不论是场地创设，还是材料选取，为了满足幼儿运动、游戏、挑战、社会交往的需求，我们需要对户外活动场地进行合理规划。当幼儿能够结合材料进行游戏、探索时，我们预设的环境才是真正属于孩子的。因此，我们需要将“闲游”课程下的环境设计为生态的、自然的、可选择的、有挑战性和创造性的活动场所，让课程环境与孩子产生互动，让游戏材料与孩子碰撞出火花。

(1)大环境：格局划分

我园有多块树林、草地及坡地，树木较高大，草地宽敞，沙地水池分布合理。借鉴游戏村落生活、耕种、渔猎、学习和娱乐的模式，我们利用不同的场地特点来创设游戏村落，收集、归纳社会生活中幼儿最为感兴趣的游戏及社会性场所，充分挖掘幼儿园户外场地资源，合理划分各个游戏区块，形成以“闲游”为主的游戏区块，开辟具有本园特色的“闲游”村落，开展健康探究式的自主游戏(图 3-6)。

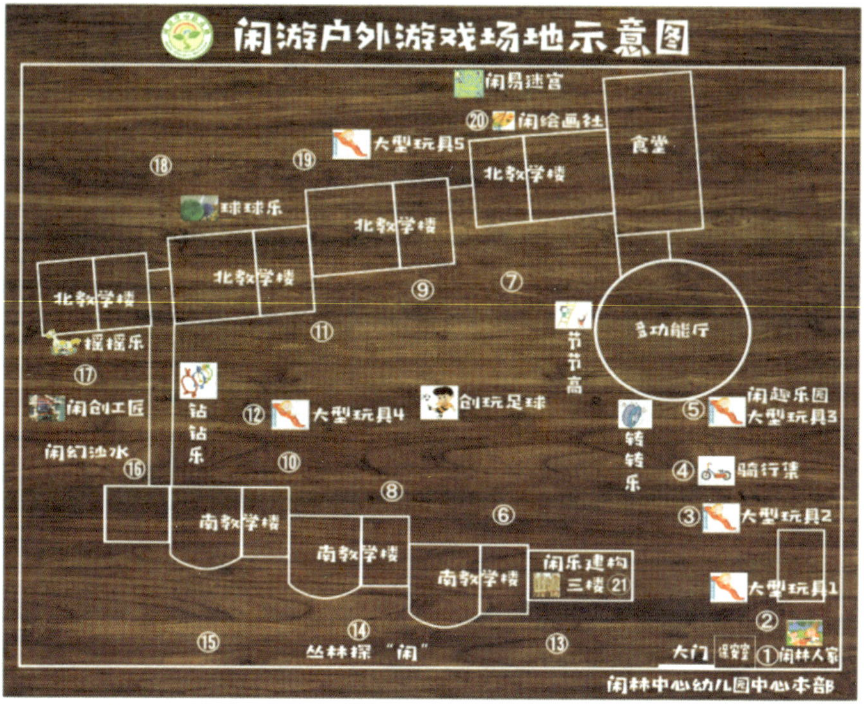

图 3-6　闲游游戏区块

幼儿可根据自己的意愿创造性地开发反映现实社会生活的游戏，如娃娃家、小医院、小餐厅、小交警、加油站、小小解放军等。这些游戏主题和内容来自幼儿的家庭生活和社会生活经验，并富有独特的色彩，是幼儿期的典型游戏。场地设置方面，在户外不需要标记清晰明确的娃娃家、小医院、小餐厅等角色游戏区，也不需要张贴相应的标牌（表 3-4）。因为游戏主题和游戏内容是幼儿在活动中不断生成的，而不是教师通过环境的布置强加给幼儿的。比如，有顶的、较为封闭的空间，如小房子、小亭子、长廊、帐篷等，有助于幼儿自动生成娃娃家之类的角色游戏。若是教师下很大的功夫专门布置小医院、小餐厅、美食一条街、农村大集市等，并张贴醒目的标牌，这种环境布置和材料的固化，反而会影响幼儿游戏主题和游戏内容的选择、生成和变化。时间长了，幼儿的游戏就会变得僵化而无趣。

表 3-4　角色游戏区“闲林人家”区块

区块名称	闲林人家
区块设置	依托原生态的树木、高低不一的泥土地，设置有屋顶的房子、土灶头、帐篷，供幼儿进行不同种类的角色游戏。
格局划分	材料的可移动性，幼儿能够一物多玩，并根据自己的需求进行摆放和游戏。
效果图	 

(2)小细节：材料烘托

每个游戏区域根据各自的主题选取材料，创设环境，展现游戏的特色(表 3-5)。例如，在林中树上及地面投放仿真动物和小型可饲养的动物，以“火线”的方式隔离动物小区域，这样孩子可以用不同的形式穿越“火线”去观察、照顾各类动物，或者爬爬梯到树上与“小松鼠”做朋友，或者用独轮车运物资救援小动物，等等，多角度地进行游戏。在游戏的同时既增强了他们的体能，又提升了他们对科学探究的兴趣，在“露营”的同时又发展了幼儿的社会性。开放式的空间格局给了幼儿更多的选择机会。

表 3-5　材料表

区块划分	固定材料	可移动辅材
闲林人家	凉亭、轮胎桌、土灶头、部分梯子等。	大小不一的锅、勺子、筷子、水杯、帐篷、梯子、小椅子、麻绳、布、铲子等。
丛林探险	小屋子、鸟笼、仿真鸟、迷彩 PVC 架等。	推车、小汽车、担架、帽子、迷彩服、仿真枪、石灰砖、竹篓、梯子、麻绳、布、铲子、色粉等。
闲幻沙水	水缸、荷花、水车等。	PVC 管、竹筒、沙漏、水桶、漏网、石灰砖、塑料玩沙工具等。
闲绘画社	迷宫、PVC 花盆、亚克力面板等。	水桶、水粉颜料、粉笔、画笔、自然材料(树叶、树枝、松果等)。

(三)开展三大阶段

在"闲游"课程开展的过程中,幼儿经历"乐玩—慧玩—展玩"三个阶段。在这三个阶段中,幼儿首先是乐于玩、敢于玩;再能够与材料进行互动,体验不同情境的游戏;最后是在寻找办法、深入游戏的过程中,将自己的游戏经验、游戏过程、游戏成果、游戏体验等进行各种形式的分享与展示。因此,"闲游"课程下的集体教学活动、生活活动、游戏活动等不同类型的组织形式随着游戏不断地深入,不断探究如何让幼儿喜欢玩、乐于玩、想办法玩,让幼儿能够从敢于玩到探索着玩,并展示自己的成果。

1. 乐玩阶段

且不说孩子如何,就连自然界的动物都懂得游戏的重要性。游戏是成长必经的过程,通过游戏,孩子们能够领悟生存技巧,训练生存能力,这是面对未来生活必不可少的环节。世界文明发展至今,游戏在教育的各个层面普遍存在,所起到的作用不容忽视。回归到教育中,特别是回归到幼儿教育中,游戏作为一种幼儿喜闻乐见的活动,符合幼儿好动的心理特征。游戏能够让幼儿在玩得开心的同时获得成长。游戏与幼儿发展的关系可以概括为三句话:游戏反映发展,游戏巩固发展,游戏促进发展。

(1)兴趣为先,顺应儿童

"闲游"课程的核心是"游","闲游"课程来自幼儿的兴趣和需要。"闲游"课程环境给予孩子自由的氛围,让幼儿的身体与思维得以自由释放。自由是孩子童心的浸润,童心让幼儿的好奇心可贵而可爱,教育因为有了童心才充满生命活力。当幼儿对所经历事物充满好奇心的时候,学习会达到事半功倍的效果。

蒙台梭利认为,孩子是靠自身内在力量发展的,成人所需的是提供给幼儿自由发展的环境。孩子在好奇中萌发兴趣,自主学习。教师更多的是作为一个引路人,引导幼儿从兴趣中展开更深地探究。所以,在"闲游"课程中,教师以幼儿的兴趣为线,逐步展开相关的教学活动、生活活动、游戏活动,追随孩子兴趣的走向,支持幼儿的学习。

(2)尊重差异,开放多元

基于孩子的发展,基于孩子的兴趣和能力,我们坚持开放多元的理念。《指南》中指出,"要充分理解和尊重幼儿发展进程中的个别差异,支持和引导他们从原有水平向更高水平发展,按照自身的速度和方式"发展。每个孩子的发展有快慢的差异、多少的差异、深浅的差异。不同的孩子对大自然有不同的关注和探究;即使是拥有同样的兴趣,不同年龄的孩子也有着不同深度的探究(表3-6)。

表 3-6 主题课程之"球球总动员"

主题名称	球球总动员
主题来源	生活中有许多会滚动、跳动的物体,它们引起了孩子们的兴趣。玩球是孩子们最喜欢的运动之一,孩子们对球有极大的兴趣,玩球可以增加幼儿的运动量,增强幼儿的体质。另外,在玩球的过程中,还可以促进幼儿社会化的发展,使他们学会分享和交往,这些对于孩子们来说都是非常重要的。我们的手在人的个体发展中也起着重要的作用,我们可以通过玩球、拍球、扔球来锻炼手部力量和灵活性…… 流星球是我国一项传统技艺,传承千年,有着极高的运动价值和趣味性,是适宜孩子进行游戏的一种材料。流星球是从哪来的?是怎样制作的?可以怎么玩?我们将围绕这些问题组织活动,通过"与流星球做游戏",培养孩子探索新玩法的兴趣,引发孩子对中国传统艺术的欣赏和兴趣,增强孩子的体质。
主题目标	1. 了解流星球的来历和构成,乐于了解中国传统文化。 2. 敢于尝试各种新玩法,并用肢体动作或语言等形式表达自己独特的发现。 3. 乐于参与游戏,能通过游戏喜爱上球类运动。

续表 3-6

主题名称		球球总动员
主题预设内容	球球的故事	1. 幼儿讲述“我与球的故事”。 2. 教师推荐有关球的图书，让幼儿了解各种球的特征。 3. 自制绘本。让幼儿结合美工区的材料制作绘本，将自己的运动故事记录在绘本里。
	我和球球的游戏	1. 幼儿尝试用绘画的方式记录自己与好朋友一起玩流星球的样子。 2. 引导孩子了解球是否跑得远，与球的光滑程度和玩球时用的力气大小有关。 3. 幼儿自主尝试帮助球球走出迷宫，学会与同伴协作、互助。

所以，“闲游”课程注重环境的多元化，尊重幼儿能力的差异性。在“闲游”课程中教师会根据孩子的现阶段兴趣、能力和经验循序渐进地教学，让每个孩子都能找到适合自己的方式和内容。学习活动不但包括户外游戏，也包括室内游戏，游戏所用的材料也是开放的、多元的，利于幼儿的使用和探究，与“闲游”课程环境融为一体，让幼儿实现多元发展。

2. 慧玩阶段

(1)预设生成，多线融合

多线融合是指在“闲游”课程中，将教师预设活动和幼儿自发生成的活动相融合，以主题活动以及多领域活动交互复合为主(表3-7)。

“闲游”课程有老师预设的主题活动，这为“闲游”课程制定了框架和方向，但更多的生成性活动来自孩子们个别化的探索发现。“闲游”课程注重每个孩子的参与度和兴趣点，教师与孩子共同商讨、决定学习的走向。预设、生成相融合，顺应了孩子们对“闲游”课程的好奇之心，确立了教师推进探究活动的教学灵感。

(2)领域复合，多面交汇

多领域交互复合。“闲游”课程以主题活动的形式支持孩子们探究的宽度与深度。主题活动以孩子们发现的某一个现象为基础，发散式开展多领域的活动，既有社会交往语言的表达，又有科学探究能力的提升，更有“闲游”课程中幼儿健康运动、共同游戏的身影。多感官的体验促进了孩子多方面能力的发展。

表 3-7 主题活动之“遇见 · 足球”

主题名称		遇见 · 足球
主题说明		足球是世界上开展最广泛、影响最大的体育运动项目，深受世界各地人们的喜爱。足球是一种综合性的游戏活动，而幼儿期的学习是以游戏为主的。通过足球运动，既能培养幼儿的爱好和技能，又能锻炼他们的身心，培养他们的品质。通过比赛和各类活动，还能让他们感受到运动的愉悦性，以及获得感官冲击、美感体验。 近年来，我园以“闲游”课程为特色，以“足球”为载体，在中班开展足球拓展活动，深化园本课程。为了进一步拓展足球游戏，我们开展“遇见 · 足球”主题活动，旨在通过熟悉足球、了解足球运动、与足球互动游戏，进一步增强幼儿“与足球遇见”的技能认知，“趣玩足球”的情感体验。从认识、了解到掌握，一步步地为孩子未来健康运动的发展打下扎实的基础。
主题目标		1. 初步了解足球的起源、发展以及足球运动的基本规则。 2. 了解并逐步掌握足球的基本技术：双脚交替运球、单脚直线运球、正脚背运球、脚内侧传球等。 3. 通过足球游戏，激发幼儿对足球活动的兴趣，让他们在感受丰富多彩的足球文化的同时，促进同伴间的交流合作和团结精神。
主题预设内容	主题活动内容	“足球队员”“足球找到了”（重点领域：语言） “足球小将”“我要守规则”（重点领域：社会） “球与气”“足球小人”（重点领域：科学） “有趣的足球图案”（重点领域：数学） “足球小子”“合作玩球”（重点领域：美术） “小小足球赛”“开始与停止”（重点领域：音乐） “保护小袋鼠”（重点领域：健康）
	游戏活动内容	“球来球往”“足球回家了”“喜羊羊搬家”“争分夺秒”（体育游戏） “球儿怎么玩”（语言游戏） “唱歌传球”（音乐游戏）

续表 3-7

主题名称	遇见·足球
主题活动环境创设	创设"遇见·足球"主题墙网络图,分别呈现"我认识的足球""我和足球的故事"两个板块的内容,让幼儿在主题推进的过程中,通过图片、绘画、照片、记录等形式呈现对足球的认识,分享足球游戏的经验。 布置板块一:"足球知多少"——张贴"我收集的足球小知识",如足球的外形特点、材质,足球的各种玩法等;"我认识的足球明星"——张贴"我收集的足球明星图片"。 板块二:布置"足球小将"的运动剪影和绘画作品。 板块三:张贴足球游戏时幼儿的照片,足球比赛后画的"我的足球场"。 美工区:幼儿尝试用剪、粘、拼、画等技能,表现足球或足球活动场景。 建构区:用乒乓球代替足球,利用木制积木、泡沫积木、易拉罐等搭建模拟足球场并进行游戏。 益智区:亲子制作足球操作玩具。 墙面展示区:"足球小子"美术作品、"合作玩球"作品、亲子足球作品(欣赏类)。

3. 展示阶段

(1)比一比——呈现幼儿的"闲游"课程宝贝

在"闲游"课程开展的过程中,每个幼儿都会有自己不同的发现、体验,教师也需要在园所内为幼儿设置展示的平台,让幼儿将自己的发现、体验利用绘画、搭建等多种方式进行展示,让幼儿的游戏体验和成果能够成为班级环境的一部分,让幼儿能够有可展、可说、可探的空间。

(2)记一记——及时记录幼儿的发现

在"闲游"课程开展的过程中,幼儿会有很多自己的发现。对于年龄较小的孩子,教师可以通过拍照、视频、交谈等形式帮助记录;对于年龄较大的孩子,教师可以给予他们纸和笔让其自己记录,再让他们通过集体活动或者在环境创设中呈现、分享自己的发现。

(3)讲一讲——创设幼儿交流的平台

幼儿有了发现,有了记录后,教师要创设幼儿交流的平台,让幼儿在交流的过程中发现更多、探究更多，从而获得更多的乐趣。教师可以组织谈话活动，如游戏故事会、我的发现、我的问题……让幼儿来展现自己的发现，将个体的经验集体化；也可以在生活环节中，让幼儿自发地利用环境中呈现的宝贝去说一说，看一看（图3-7）。

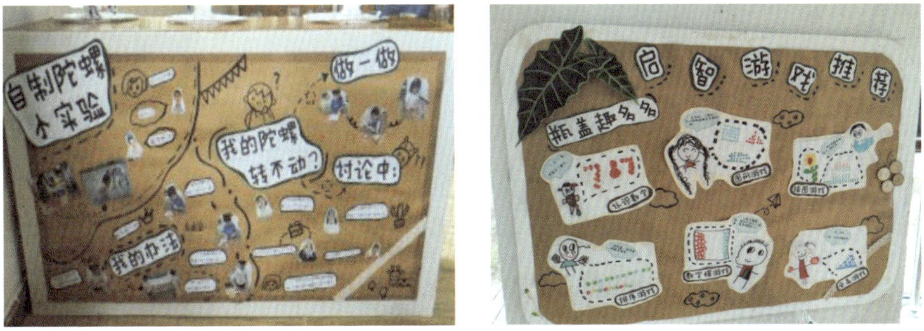

图 3-7　幼儿的游戏发现

二、“闲游”课程的主题活动

（一）课程的实施

在“闲游”课程的实施过程中，我们通过对地方文化资源的挖掘，结合各园区的实际，以某一种材料为切入点，围绕轮胎、球、绳、筷、圈等确定了“轮胎大集合”“球球总动员”“‘筷’乐童年”“大显‘绳’通”“球球大集合”“圈圈大联盟”等课程开发主题。有目的、有计划地开展适合于幼儿的游戏活动，在经常性的练习中，幼儿相应的身体素质逐步得到提高和发展。在游戏的过程中，鼓励幼儿对低结构材料进行探索和游戏，让孩子感受游戏的趣味性。鼓励幼儿大胆想象、大胆思维、大胆创新，敢于提出自己的观点，生成新的活动，产生愿意进一步探究的强烈欲望。我们以主题活动、游戏活动为主要途径，为教师开展“闲游”课程提供多样化的方法，为幼儿的学习提供多样化的通道。

1. 以球为基础材料的主题课程探究

幼儿篮球是在遵循成人篮球运动的基本规则的基础上，根据幼儿的年龄特点和体能水平，简化篮球运动技术与理论而形成的一种幼儿体育运动形式（表 3-8），旨在让幼儿掌握篮球运动的基本技能，提高幼儿的运动能力，培养他们的运动兴趣。让他们相信在生活、学习之外，运动也是全面发展中不可缺少的部分。说不定未来的“篮球明星”就会从这些人中间诞生呢！

教师通过交谈和视频等方式让孩子们了解有关篮球的起源、明星球员和篮球比赛中的规则等知识。然后，教师让幼儿观看篮球明星比赛时的照片，激起孩子们对篮球运动的热情。大班幼儿已经能够自主跑、跳，能参加一些基本的体育活动，比如幼儿喜爱的传球游戏。他们在游戏中能够手脚并用，达到全身协调运动的效果，还能获得很大的乐趣。游戏既增强了幼儿的体质，又强化了幼儿的竞争意识和协作能力。

表 3-8　主题活动之“球球大作战”

园区：民丰园区　　班级：中二班　　时间：2018 年 11 月 5 日～11 月 16 日

主题名称	球球大作战
主题说明	球类是幼儿喜欢的运动项目之一，球的玩法很多：滚、拍、踢、抛、投、顶……小小的一个球，让幼儿走出教室，畅快地奔跑游戏；让幼儿互助合作，结交朋友；让幼儿身手敏捷，舒筋骨健体魄。中班幼儿动作发展迅速、求知欲旺盛，该主题适时地将幼儿带入球的世界，使幼儿与球成为好朋友，从小爱运动。
主题目标	1. 了解一些篮球明星，激发幼儿参与篮球运动的兴趣。 2. 感受篮球运动的快乐，激发幼儿的运动意愿。 3. 理解合作的重要性和必要性，增强合作的意识。 4. 体验与小篮球一起游戏的乐趣。
主题预设内容	集体活动： “认识篮球明星”“取篮球”“有趣的大皮球”“让人快乐的球”“我喜欢篮球”“球宝宝玩滑梯”“和篮球做游戏”“合作会更好”“糖果屋”“愤怒的小鸟”“看谁拍得多”“桩上篮球” 规则游戏： “不能这样做”（体育游戏）、“连连看”（智力游戏）、“手拉手运球”（体育游戏）、“唱歌传物”（音乐游戏）

续表 3-8

<table>
<tr><th colspan="2">主题名称</th><th colspan="2">球球大作战</th></tr>
<tr><td rowspan="4">主题活动环境创设</td><td>主题展板</td><td colspan="2">创设“球球大作战”主题墙网络图，分别呈现“我认识的篮球明星”“好玩的球”“球球大调查”三个板块的内容，让幼儿在主题推进的过程中，通过图片、绘画、照片等形式记录、呈现自己的感知、体验，让幼儿在与主题墙、同伴、老师互动的过程中，进一步积累关于球的知识。</td></tr>
<tr><td rowspan="3">主题区域</td><td>语言区</td><td>1. 提供与球类有关的图画书。
2. 自制小书若干。</td></tr>
<tr><td>益智区</td><td>提供各种与球有关的操作材料。</td></tr>
<tr><td>美工区</td><td>1. 各种球的照片、彩色卡纸、水彩笔、油画棒等。
2. 展现一些真实的球。</td></tr>
</table>

主题探究活动“球球大作战”

案例 1：大班健康活动“缤纷气球”

- **活动目标**

1. 尝试用身体各部位玩气球，锻炼身体协调性和灵活性。

2. 乐于挑战自我，发挥创造性。

- **活动重点**

利用身体各个部位玩球，锻炼身体协调能力和灵活性。

- **活动难点**

尝试连续用身体顶球不让球落地。

- **活动准备**

气球（幼儿每人一个）、垫子三块、筐子三个、粘纸若干、红布一块、音乐。

- **活动过程**

一、跳舞的红布

1. 教师带领幼儿进入活动场地，邀请幼儿和红布一起游戏，跟着红布一起左右移动。

2. 出示装满气球的黑色塑料袋，激发幼儿的兴趣：“请你们猜猜里面装的是什么？”

【环节说明】利用废旧的横幅当红布，引导幼儿根据红布的移动方向移动身体，发展身体协调能力，锻炼灵敏的反应能力。

二、气球顶顶乐

1. 讨论创意玩法、自由探索。气球可以怎么玩？请两个幼儿试一试。

2. 尝试用身体各个部位顶气球（根据幼儿的创意，教师一一将粘纸贴在自己身体可顶球的相应部位，如头、胸、肩、胳膊、肚子、屁股、膝盖、脚等）。

3. 教师提醒幼儿看教师身上的粘纸所示部位，鼓励幼儿尽量用这些部位进行尝试。

4. 交流分享。教师通过让个别幼儿挑战用屁股、肚子和胸部顶气球，使幼儿意识到有些部位不太容易顶球，挑战性很大。

5. 顶气球挑战赛。

挑战要求中途气球不落地，如果落地，则自行回到垫子上。最后留在场上者为胜。

【环节说明】在幼儿平时练习的基础上设计了顶气球挑战赛，让幼儿选定感兴趣的部位（头、膝盖、脚背等）进行挑战，给幼儿一个充分展示自己和挑战他人的机会。在这个过程中，关注每个个体的动作表现，给予个别化的指导。

三、趣味"排球"赛

1. 在场地中间拉起红布当做球网，将幼儿分成两队，分别站在场地两侧，让他们在音乐声中尽量将自己场内的气球拍到对方场内（图 3-8）。音乐结束，场地中剩下气球少的一方获胜。（幼儿第一组比赛）

2. 经验交流。师："你们队是如何获胜的？"幼："可以像打排球一样用力拍打，速度很快，把别人拍过来的气球打回去。"

3. 幼儿第二组进行比赛。

【环节说明】运用排球赛作为游戏情节，让幼儿尝试用各种方式向前方远距离拍球，进一步感受手臂、手腕等的推力，在紧张、激烈、刺激的竞赛游戏中挑战自我。

四、趣味放松：按摩气球

1. 请小朋友用气球给身体各部位按摩放松。

2. 放松环节。

幼儿边唱“头发、肩膀、膝盖、脚”边欣赏教师用对应的身体部位顶球，自然地得到放松、休息。

【环节说明】教师鼓励幼儿大胆用气球按摩身体各部位，或是和同伴相互按摩，达到放松的效果。最后的小游戏，激励幼儿更大的挑战欲望。

• 活动建议

若班级中人数较多，可以增加一条横幅，便于幼儿尽情活动；这个游戏能锻炼幼儿反应的灵敏性，可在日常活动中继续进行；在户外锻炼时，可更换成其他球类，尝试各种顶球动作的练习。

图 3-8　大班健康活动“缤纷气球”

案例 2：大班健康活动“双手运双球”

• 活动目标

1. 学习双手运双球，进一步锻炼幼儿的运球技能。

2. 通过双手运双球的练习，培养幼儿左右脑平衡能力。

3. 通过体验游戏的乐趣，进一步提高幼儿对篮球的兴趣。

• 活动重点

学习双手运双球。

• 活动难点

在双手运双球时尽量不掉球。

• 活动准备

每人两个篮球、欢快的伴奏音乐、篮球场地。

• 活动过程

一、热身活动

师：“今天天气真好，我们一起去做运动吧！”

教师带领幼儿，随着欢快的音乐边念儿歌，边做动作，可重复2～3遍。

小鸟儿，飞啊飞，拍拍翅膀飞啊飞；（上肢）

小鸭子，走啊走，摇摇摆摆走啊走；（下肢运动）

小蛇爬，爬啊爬，左扭右扭爬啊爬；（腰部运动）

小象走，走啊走，甩甩鼻子走啊走；（腹背运动）

小马跑，跑啊跑，嗒嗒嗒嗒跑啊跑！（跳跃运动）

二、神奇的双手

师：“小朋友们，今天有个任务要我们完成，用我们神奇的双手让篮球宝宝滚动起来。你们看，这里有好多篮球宝宝。”

1. 练习双手抱双球，教师引导幼儿双手抱双球，幼儿沿着篮球场边界按照顺时针方向行走。

2. 进行左手抱球右手运球、右手抱球左手运球交换练习。教师示范动作，引导幼儿模仿练习（教师带领幼儿集体练习，并个别指导）。

3. 集体练习原地双手运双球（图3-9），要求双腿微屈，双手同时用力，将球反弹至胸部高度。教师做原地双手运双球示范动作，引导幼儿模仿练习，然后分散活动（教师带领幼儿集体练习，并个别指导）。

三、原地双手拍双球比赛

幼儿两人为一组，由教师带领幼儿进行比赛，连续拍球数最多者获胜。

四、放松活动

师：“小朋友们，你们今天真棒，非常出色地完成了任务。现在跟着老师一起来放松身体吧！”

教师播放舒缓的音乐，引导幼儿按照口令做相应的动作，使身体得到放松。

师：“我们相互拍拍肩膀、捶捶后背、拥抱对方。”

• **教育建议**

1. 在单手抱球单手运球活动时，如因个体差异，部分幼儿可以先在原地进行练习，待熟练后，再进行运球。

2. 在进行原地双手拍双球前，还需要掌握双手托双球的技能，并迅速将两个球翻转进行拍球。同理，收球的时候，要能将两球稳稳托起。

3. 本次活动结束后，可设计体育游戏，练习行进间双手运双球，并增加简单障碍，来增加游戏的趣味性。

图 3-9　大班健康活动"双手运双球"

2. 以绳为基础材料的主题课程探究

生活中我们发现：衣服上有绳，玩具上有绳，食品上有绳，家里有绳，幼儿园里有绳……我们的周围到处都有绳。绳可以吃，绳可以玩，绳可以变魔术……生活中到处充满了奇妙而有用的"绳"！我们将引领孩子们去了解无处不在的"绳"，去寻找各种各样有趣的、有用的"绳"，让他们用开放敏锐的心去感受，用细腻的心去创作，在充满"惊奇"的情境中尽情享受探索、发现和创造的乐趣（表3-9）。任何一件看似平凡的物品，在孩子的眼中都是新奇的、有趣的、好玩的。尤其是大班幼儿，通过观察、触摸、动手探究，他们能了解绳子的不同特质。接着，让幼儿与绳子亲密接触，探究绳子的不同玩法，幼儿通过相互合作创生出更多新玩法。最后，探究绳子与其他辅助材料之间的新玩法。幼儿思维活跃，想象力丰富，动手欲望强，普普通通的几段绳子，对处于探究时期的孩子们却充满了吸引力，能极大地激发他们的探究热情。

表 3-9 主题活动之"大显'绳'通"

园区:和睦园区 班级:中一班 时间:2018 年 10 月 15 日～10 月 26 日

<table>
<tr><th colspan="2">主题名称</th><th colspan="2">大显"绳"通</th></tr>
<tr><td colspan="2">主题说明</td><td colspan="2">生活中我们发现:衣服上有绳、玩具上有绳、食品上有绳、家里有绳、幼儿园里有绳……我们的周围到处都有绳。绳可以可以吃、可以玩、可以变魔术……生活中到处充满了奇妙而有用的"绳"! 我们的身体也有很多直的、弯的绳条,于是我们和孩子们商量,开展一个"绳的世界"的主题活动,我们将引领孩子们去了解无处不在的"绳",去寻找各种各样有趣的、有用的"绳",让他们用开放敏锐的心去感受,用细腻的心去创作,在充满"惊奇"的情境中尽情享受探索、发现和创造的乐趣。任何一件看似平凡的物品,在孩子的眼中都是新奇的、有趣的、好玩的,尤其是大班幼儿,他们思维活跃,想象力丰富,动手欲望强,普普通通的几段绳子,对处于探究时期的孩子们却充满了吸引力,极大地激发了他们的探究热情。</td></tr>
<tr><td colspan="2">主题目标</td><td colspan="2">1. 要求幼儿完整、清楚地表达自己的想法,继续学习关于绳子的创编故事。
2. 学习按物体的颜色排序,体验按规律排序活动的乐趣。
3. 幼儿能自由大胆地探索绳子的不同玩法,并动作协调地玩游戏。
4. 知道线能够发出声音,长短不同的线发出的声音不同。
5. 尝试练习绳子的多种玩法,培养孩子的创新精神,促进孩子身体协调能力、跳跃能力的发展。</td></tr>
<tr><td rowspan="2">主题预设内容</td><td>集体活动</td><td colspan="2">"揪尾巴""绳子变身了""绳子的用途""有趣的绳子画""会变魔术的绳子""贪吃蛇""各种各样的绳子""线绳大集合""彩绳粘贴画""生活中的绳和线""好玩的绳子""有趣的绳子"</td></tr>
<tr><td>规则游戏</td><td colspan="2">"彩虹桥""捉带子""扎手绢""公共场合我不挤""玩毽子""跳皮筋"</td></tr>
<tr><td rowspan="3">主题活动环境创设</td><td>主题展板</td><td colspan="2">1. 创设"和绳子玩游戏"专栏,使幼儿了解各种各样绳子的玩法。
2. 亲子制作绳线作品并进行展览,供幼儿参观、摆弄。
3. 主题墙张贴一栏"连连看",供幼儿了解和探索生活中各种各样的绳子。</td></tr>
<tr><td rowspan="2">主题区域</td><td>益智区</td><td>提供长短不一的绳子和记录表,让孩子学习用绳子来测量桌子,并进行记录。</td></tr>
<tr><td>美工区</td><td>提供吸管、毛线、棒冰棍、制作步骤图,让孩子自主选择材料进行绕线活动。</td></tr>
</table>

案例 1:大班美术活动“蜘蛛结网”

· 活动目标

1. 激发幼儿对由线组成的蜘蛛网的兴趣。

2. 认识蜘蛛,了解蜘蛛吐丝结网的特性。

3. 在幼儿绘画的过程中,培养其坚持和自主学习的能力。

· 活动重难点

引导幼儿探索如何表现紧密的排列线条。

· 活动准备

各种绳子、胶水、蜘蛛模型等。

· 活动过程

一、图片欣赏,引出活动

1. 出示蜘蛛结网图,请幼儿观察,提问:“这是谁结的网啊?”引发幼儿兴趣。

2. 引导幼儿观察蜘蛛网的形态。

二、展开活动

1. 出示蜘蛛模型,请幼儿观察。

2. 提问:“蜘蛛是什么样子的? 蜘蛛有几条腿? 它的丝是从哪里吐出来的?”

3. 组织幼儿讨论。

三、教师引导幼儿观察、讲解

1. 丝线是从蜘蛛屁股里吐出来的,丝线是由蜘蛛身体内的纺织腺分泌的,是一种液体。这种液体从蜘蛛身体出来后遇到空气就变硬了,于是就形成了丝。

2. 讨论:蜘蛛网有什么功能?(蜘蛛可以用它捕捉苍蝇、蚊子等作为食物。)

3. 说说蜘蛛是如何把丝线结成网的? 激发幼儿帮助蜘蛛结网的兴趣。

四、布置任务,幼儿操作

1. 幼儿利用各种材料设计制作“蜘蛛网”(图 3-10)。教师来回指导。

2. 用绳线粘贴，毛线缠绕钉子，在带有锯齿的卡纸边缘缠绕等方式进行装饰。

3. 鼓励幼儿利用多种形式制作“蜘蛛网”，也可两个幼儿合作制作。激励幼儿对线的兴趣。

4. 幼儿讲述自己是怎样制作“蜘蛛网”的。

五、活动结束

一起欣赏小伙伴的作品。

图 3-10 大班美术活动“蜘蛛织网”

案例 2：大班音乐活动“舞动的彩绳”

• 活动目标

1. 探索发现彩带舞动的不同形状与手臂舞动的关系及方法。

2. 能大胆地表现音乐，使彩带舞动的节奏与音乐的节奏一致。

3. 体验舞动彩带的快乐。

• 活动重点

探索彩带舞动时的不同形状，体验舞动彩带的快乐。

• 活动难点

发现彩带舞动与手臂舞动的关系及方法，与音乐合拍地表演。

• 活动准备

音乐、每人一条彩带、记录纸。

• 活动过程

一、出示彩带

每人发一条彩带，请幼儿仔细观察。教师应用启发性语言，通过谈话引导幼儿认识彩带，激发幼儿的兴趣。

二、探索发现彩带舞动时的不同形状

1. 探索：让彩带跳起舞来。

师：“彩带是专门用来跳舞的，今天请小朋友们试一试，让你的彩带跳出各种各样的舞蹈。试的时候，老师有几个要求：看看你的彩带跳出的舞像什么？看谁能让彩带跳出各种各样的舞？”

幼儿自由探索后教师记录幼儿舞动彩带的形状，并加以总结：舞动手臂能让彩带跳出各种各样的舞蹈，有的像……有的像……

2. 探索：手臂舞动的形状和彩带舞动的形状有什么关系？

师：“彩带跳出了这么多的舞，彩带跳出这些舞的时候你的手是怎样舞动的呢？”

幼儿探索后回答。

教师再总结：“我们的手臂挥动什么形状，彩带就会跳出相应形状的舞。”

3. 探索：手臂舞动有几种方法？为什么用同一种方法彩带会跳出不一样的舞呢？

幼儿尝试舞出各种形状，然后想一想、说一说，教师在此基础上再加以总结：原来彩带舞动时的形状只有三种，圆形、半圆形、波浪形；但是手臂舞动的方向不一样，用的力度、速度不一样，彩带跳出的舞也不一样。

教师和幼儿一起练习上述三种方法，并体验不同方向、不同力度、不同速度舞动的效果。

根据幼儿好奇、好动的心理，教师以层层递进的方法进行探索。主要通过舞一舞、说一说、想一想的方式，探索发现彩带舞动的不同形状与手臂舞动的关系及方法。一共进行了三次探索。

探索一：让彩带跳起舞来。知道彩带能跳出各种各样的舞蹈，都是手臂舞动的结果。

探索二：手臂舞动的形状和彩带舞动的形状有什么关系？发现手臂挥动什么形状，彩带也会跳出相应形状的舞。

探索三：手臂舞动有几种方法？通过观察，尝试归纳、总结手臂舞动的几种基本方法。

三、听音乐舞动彩带

1. 欣赏音乐《喜洋洋》，感受音乐的旋律与节奏。

师：“听了这首音乐你们有什么感觉？这首音乐一共有几段？哪一段快哪一段慢？”

2. 再次欣赏音乐。

师：“在欢快的音乐中我们可以怎样舞动彩带，抒情缓慢的音乐又该怎样舞动彩带？”

3. 听音乐尝试练习。

4. 集体表演（图 3-11）。

通过感受音乐的节奏舞动彩带，让幼儿在音乐中充分地体验舞动彩带的快乐。

四、欣赏彩带舞，激发幼儿再次探索的欲望

师：“你们见过彩带舞吗？在哪儿看到的？今天老师也带来了一段彩带舞，我们一起来看看。”

幼儿观看视频后，教师提问：“大姐姐在跳彩带舞时，除了手在舞动彩带，她的头、脚、腰等部位是怎么样的呢？”

- **教师总结**

师：“舞动彩带时，身体的其他部位也可以动起来，这样我们的彩带舞会更加优美，你们可以自己试一试。”

图 3-11 大班音乐活动“舞动的彩绳”

案例 3：大班音乐活动“跳花绳”

- **活动目标**

1. 感受活泼欢快、节奏分明的音乐旋律，能合着音乐节奏快乐地游戏。

2. 通过游戏，学会和同伴相互配合着按音乐节奏开展活动。

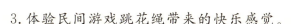

3. 体验民间游戏跳花绳带来的快乐感觉。

• 活动重点

能按音乐节奏进行音游活动。

• 活动难点

理解和掌握跳花绳的动作要领。

• 活动准备

经验准备：幼儿在日常生活中有过跳花绳的经验。

物资准备：音乐、小脚板游戏教具每人一份、各色花绳、大卡纸、记号笔、黑板。

• 活动过程

一、用打招呼的方式引出跳花绳音乐

1. 用打招呼的方式让幼儿回忆生活经验。

师：“平时你们看见好朋友是怎么打招呼的？”

师生互动打招呼。

2. 尝试用“你好，你好，××小朋友们好”的节奏打招呼。

教师：“刚才老师打招呼的方式是怎样的？”

3. 和着音乐节拍跟老师互动打招呼。

二、欣赏音乐，感受节奏

1. 个别尝试跳花绳。

师：“这个音乐除了可以打招呼，还可以用来跳花绳。谁玩过跳花绳？请你跟着这段音乐来试一试。”

2. 教师跳花绳，幼儿感受跳花绳的节奏。

师：“刚才跳花绳的时候，我是怎么跳的？用了哪些动作？老师是从音乐的哪个节拍开始跳的？”

3. 配合图谱感知节奏。

师：“老师把刚才跳花绳的这个音乐节奏用图谱的形式画下来，我们一起来找一找节奏。”

三、节奏游戏：小脚板跳一跳

1. 看图谱，和节拍，用“小脚板跳一跳”的游戏让幼儿掌握节奏要领。

师：“黑板上有一双小脚板和一条绳子，小脚板在绳外做好准备。你们有没有发现，我刚才跳的时候，‘点’这个动作在绳子的哪里？那么‘收’呢？”

2. 幼儿用“小脚板跳一跳”游戏巩固跳花绳的基本动作。

四、音乐游戏：跳花绳

1. 幼儿随着音乐玩跳花绳的游戏，教师提出要求。

师：“我们把小脚板收起来，一起来玩跳花绳吧！在跳花绳的时候，老师有两个要求：第一，我这儿有三根花绳，请小朋友自由选搭档，分成三组，每组两人牵绳；第二，其他人请在绳外做好准备，音乐前奏一结束，就可以开始跳花绳。”

2. 请个别幼儿跳花绳。

3. 幼儿集体跳花绳，体验和同伴配合参与音游活动的乐趣（图3-12）。

五、活动延伸

鼓励幼儿尝试用新的方法玩跳花绳的游戏。

图 3-12　大班音乐活动“跳花绳”

3. 以筷子为基础材料的主题课程探究

筷子作为我国特有的一种食具，其材质和功能经历了多次演变：由最初的两根树枝逐渐发展到用多种材质制作；从之前纯粹的进餐工具逐渐发展到现在的多种用途。结合我园的园本文化“‘筷’乐童年”（表3-10）和园区饮食文化，我们挖掘了更多关于筷子的物品，包括竹子、毛根、棒子等。我们在活动中进一步探究，发现了筷子的更多玩法，满足了孩子们对筷子的好奇心，让他们能进行大胆创造，充分表达对筷子的喜爱之情。

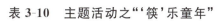

表 3-10 主题活动之“‘筷’乐童年”

园区：里项园区　　班级：中一班　　时间：2018 年 11 月 5 日～11 月 16 日

主题名称		“筷”乐童年
主题说明		筷子来源于我们的生活，小朋友们在餐桌上经常能够见到。幼儿从小班升入中班后，在午餐餐具选择上，我们提供了调羹与筷子让幼儿自主选择。餐具的新变化引出了一些问题，根据我们观察，孩子们在刚接触筷子时，因为不会使用，一方面感到茫然，另一方面也感到好奇。结合园区健康园本课程下“‘筷’乐童年”课程及饮食特色，同时也为满足幼儿的好奇心，适应幼儿当前的发展需要，我们设计了“‘筷’乐童年”这个主题活动。孩子们可以认识和区分筷子的种类，进行筷子游戏，随着活动的进一步开展，孩子们还能生成一些有价值的活动。
主题目标		1. 认识筷子，能按照筷子的颜色、长短、材料、形状等对筷子进行区分。 2. 了解筷子的用途及使用方法。 3. 尝试探索用筷子来玩各种游戏，并能用形似筷子的物体来进行游戏。 4. 乐意动手设计不同的筷子，体验创作的乐趣。 5. 在饮食活动中，尝试使用不同的筷子来夹食物。
主题预设内容	活动板块一	“筷子的用处”（社会）、“玩筷子”（健康）、“给筷子分类”（科学）、“有趣的筷子”（美术）、“筷子”（语言）、“筷子舞”（音乐）
	活动板块二	“夹豆豆”（数学）、“好玩的筷子”（音乐）、“竹真好”（语言）、“我设计的筷子”（美术）、“我会用筷子”（社会）、“竹轱辘”（健康）
	规则游戏	“小马跳障碍”（体育游戏）、“小乌龟回家”（体育游戏）、“公共场合我不挤”（安全活动）、“会动的小球”（体育游戏）、“冲破纸墙”（体育游戏）、“变石头”（音乐游戏）
主题活动环境创设	主题展板	创设“‘筷’乐童年”主题墙网络图，分别呈现“认识筷子”“好玩的筷子”“我设计的筷子”等内容，在主题推进的过程中，通过绘画、拍照、游戏、记录等形式呈现孩子感知、体验、表达的过程，引发幼儿与主题墙、同伴、老师互动，让幼儿在此过程中进一步积累关于筷子的认识。
	主题区域	饮食区：提供各式各样的筷子，开辟一个筷子的展览区。 图书区：提供彩色纸、剪刀，可制作“我与筷子”的故事绘本。 益智区：提供各种筷子，可进行分类。提供弹珠、豆类，可进行“夹夹乐”游戏。 建构区：提供纸棒、筷子、冰棒棍、纸筒，可供幼儿搭建。 表演区：自制乐器，提供各种瓶子和盒子，可用筷子来当鼓槌、指挥棒等。 美工区：提供本色筷子，让幼儿来给筷子设计花纹、图案。

案例 1:中班美术活动“有趣的冰棒棍”

• 活动目标

1. 能运用冰棒棍创想制作,培养幼儿的创新意识和动手能力。

2. 能在冰棒棍上设计图案。

• 活动重点

能运用冰棒棍创想制作,培养幼儿的创新意识和动手能力。

• 活动难点

能在冰棒棍上设计喜欢的图案。

• 活动准备

冰棒棍、彩色纸、水彩笔、剪刀、移动黑板。

• 活动过程

一、谈话导入

1. 师:“小朋友,这是什么?”(出示冰棒棍,引起幼儿兴趣,引导幼儿发现生活中某些材料的特殊性。)

2. 师:“吃完冰棒后的冰棒棍,你们有没有留起来? 你们有没有想过,冰棒棍能做什么呢?”

二、有趣的冰棒棍

1. 设计一种冰棒棍:装饰冰棒棍,每一组为一桌,分配材料,请幼儿设计。

2. 幼儿在冰棒棍上进行创作。

3. 幼儿尽情发挥他们的冰棒棍创想。师:“如果想让你创造的冰棒棍的造型更加形象,你可以选择合适的材料进一步装饰,相信一定会更加完美。”(幼儿操作,教师来回指导,并及时给予一些建议。特别关注能力差一点的孩子,给予信心,鼓励其合理选择材料,大胆创作。)

三、完成制作,展示交流

幼儿按自己的创想完成冰棒棍制作。

教师引导幼儿展示自己的作品,相互交流,欣赏同学的作品,引导幼儿说说自己喜欢的作品,并指出理由(图 3-13)。

四、活动建议

在美工区进行这项活动，幼儿可以利用冰棒棍制作其他的装饰品。

图 3-13 中班美术活动“有趣的冰棒棍”

案例 2：中班音乐活动“竹竿舞”

• 活动目标

1. 认识竹竿舞，掌握敲竹竿的节奏。

2. 初步了解竹竿舞基本步的跳法，发展灵敏、协调的弹跳等运动能力。

3. 体验跳竹竿舞的乐趣；养成合作互助、勇于挑战的良好品质。

• 活动重点

学习竹竿舞基本步的跳法。

• 活动难点

有节奏地跳竹竿舞，学会选择恰当的跳进跳出时机。

• 活动准备

竹竿（细竹 8 根，粗竹 2 根）。

• 活动过程

一、欣赏导入，激发兴趣

1. 播放歌曲《跳起来》

师：“小朋友们，刚才你们听到的歌曲名叫《跳起来》。‘山欢水笑真热闹，男女老少喜洋洋’，知道为什么这么热闹吗？原来男女老少聚集在一起喜洋洋地跳竹竿舞。”

师：“如今竹竿舞已经传遍大江南北，越来越引起国内外游客的兴趣，他们盛赞竹竿舞为‘世界罕见的健美操’。小朋友们想看看竹竿舞是什么样的舞蹈吗？”

2. 媒体播放视频《竹竿舞》

师：“现在我们一起学跳竹竿舞，好不好？”

二、竹竿舞教学

1. 熟悉音乐节奏，掌握进出时机

师：“傣族人民发现竹子相互撞击会发出有节奏、有规律的声音。他们因此创造了一种特殊的舞蹈：在竹竿开合的瞬间，不但要敏捷地进出跳跃，而且要潇洒自然地做出各种优美的动作。”

2. 播放一段具有节奏感的音乐，用各种动作来表现这种节奏。

（教师让幼儿用手或脚的各种活动来表现音乐的节奏）

师：“谁能告诉我这是几拍子的节奏？”（4 拍）

师：“如果用两个手指代表两根竹竿，大家能跟着节奏用手指来模拟一下竹竿的开合吗？”

师：“那你们能用双脚的开合来模拟一下竹竿的开合吗？”

师：“小朋友们想一下，当你准备在开—合—开开—合的竹竿间跳进跳出的时候，你们怎么做呢？”（幼儿两人一组，一个用手指模拟竹竿的开合，一个用双脚“开合跳”的方式模拟跳进跳出。）

（为便于幼儿学习，提高他们的兴趣，活跃课堂氛围，可让幼儿边练习边喊节奏，如：跳的幼儿喊“进—出—进进—出”，打杆的幼儿喊“开—合—开开—合”。）（轮换练习）

（教师观察，及时进行指导。）

3. 练习打竹竿方法，结合竹竿进行跳进跳出练习

师：“接下来我们可以上竹竿进行练习了。谁愿意跟我配合打竹竿？”（请一名幼儿配合演示打竹竿，引导幼儿用竹竿打出有节奏的声音来，强调打竹竿时两人的动作要一致，两根竹竿要有明显的开合，不宜把竹竿抬得过高。）

师:“小朋友们都来试试!”

(分组,四人一组,两人先打竹竿,两人用手指的开合模拟竹竿的开合,一组完成后进行轮换,教师对幼儿打竹竿的方法做出讲评。)(全程配音乐)

师:“大家都会打竹竿了,那能不能在开合的竹竿间进行跳进跳出呢?”

(幼儿四人一组,两人打竹竿,一人或两人同时用双脚开合跳的方式进行跳进跳出练习,轮换练习。)

(跳的同学喊“进—出—进进—出”,打杆的同学喊“开—合—开开—合”。)

(比一比,哪组小朋友喊的口令声音更高、更齐。)

4. 学习基本动作

师:“我们已经掌握了打竹竿的方法以及进出竹竿的时机。接下来我们要学习竹竿舞的基本动作。大家过来看视频,仔细观察他们是怎么跳的?”

(视频播放《竹竿舞》)(教师讲解跳的方法和要领,强调口令跟动作的配合。)

师:“小朋友们结合不动的竹竿练习过竿的方法。”(幼儿全体练习直至熟练掌握,教师及时指导。)

师:“现在大家能在打动的竹竿中练习了吗?”

(小组尝试,重点提示幼儿果断跳进,选择恰当时机。)

(幼儿配合,四人一组,两人打竹竿,两人依次或一起跳过两根竹竿,全程播放音乐。)

(分小组展示练习成果)

5. 提高难度,创编动作

师:“既然我们现在能跳过两根竹竿了,那能不能两个小组靠在一起打竹竿,连续跳过四根竹竿呢? 大家有信心吗? 最好能加上一些上肢和身体的动作,这样看上去更优美了。现在,就请小朋友们跟着音乐尽情地跳起来吧!"

(幼儿跟着歌曲的节奏连续跳竹竿舞)(教师参与)

6. 展示学习成果

(音乐停)师:"真想马上带大家去和跳竹竿舞的当地人比一比,看到底谁跳得更好?现在,我们以小组为单位,一组上来表演,其他小组为他们拍手打节拍。"(小组轮流协作表演)(图 3-14)

师:"下面我们来说说哪个小组表演得最好,为什么?"(小组互相评价)

三、放松整理

师:"好了,小朋友们跳了这么长时间的竹竿舞,是不是很开心啊?接下来,让我们来做放松活动。"

四、活动建议

在户外继续进行竹竿舞的练习和动作的创编。

图 3-14　中班音乐活动"竹竿舞"

4. 以"圈"为基础材料的主题课程探究

黄坡岭园区将常见的"圈"融入幼儿的教学活动与游戏中,让幼儿在这一过程中认识圈、了解圈,积极与圈互动,对关于圈的事物产生兴趣。在这一过程中,教师发现和保护幼儿的好奇心,充分利用自然和实际生活中的机会,引导幼儿通过观察、比较、操作、实验等方法,发现问题、分析问题和解决问题,帮助幼儿不断积累关于"圈"的经验。通过语言、健康、科学、艺术、社会五大领域的活动渗透关于"圈"的各种知识和玩法,让孩子多方面体验"圈圈大联盟"(表 3-11)。

表 3-11 主题活动之“圈圈大联盟”

园区：黄坡岭园区 班级：小四班 时间：2018 年 10 月 28 日～11 月 8 日

<table>
<tr><td colspan="2">主题名称</td><td colspan="2">圈圈大联盟</td></tr>
<tr><td colspan="2">主题说明</td><td colspan="2">根据园本特色，我园创设了“圈圈大联盟”这一课程，通过一系列的活动让孩子们从活动中认识圈，以及圈的各种玩法，体验圈相关活动的乐趣。</td></tr>
<tr><td colspan="2">主题目标</td><td colspan="2">1. 初步认识各种不同的圈。
2. 了解圈的功能，对各种圈充满兴趣。
3. 通过玩圈，体验玩圈的乐趣。
4. 探索圈的不同玩法，体验集体活动带来的快乐。</td></tr>
<tr><td colspan="2" rowspan="5">主题预设内容</td><td>语言领域</td><td>“圈宝宝”“游泳圈”</td></tr>
<tr><td>健康领域</td><td>“好玩的呼啦圈”“套圈”“神奇的环儿”</td></tr>
<tr><td>科学领域</td><td>“有趣的圈”“会滚动的东西”</td></tr>
<tr><td>艺术领域</td><td>“好吃的甜甜圈”“拉个圆圈走走”</td></tr>
<tr><td>社会领域</td><td>“可爱的圆形宝宝”“我的救生圈”</td></tr>
<tr><td rowspan="6">主题活动环境创设</td><td>主题展板</td><td colspan="2">创设“圈圈大联盟”主题板块，让幼儿积极参与各类活动，从中认识各种不同的圈，以及圈的不同功能。</td></tr>
<tr><td rowspan="5">主题区域</td><td>娃娃家</td><td>投放各种橡皮泥模具和橡皮泥，鼓励幼儿大胆创作。</td></tr>
<tr><td>语言区</td><td>鼓励幼儿自主选择动物角色，与同伴大胆交流。</td></tr>
<tr><td>美工区</td><td>提供废旧纸箱和各类卡纸，引导幼儿制作各种圈。</td></tr>
<tr><td>益智区</td><td>在纸箱里面放置各种物品，让幼儿触摸感知；给每个手指制作配套的衣服；创设不同触觉的路面。</td></tr>
<tr><td>阅读区</td><td>投放主题故事绘本，供幼儿阅读欣赏，增强对圈的认知。</td></tr>
</table>

案例 1：滚动的圈（重点领域：科学）

• 设计意图

运动与健康是人们最关注，也最重视的话题之一。幼儿时期的健康在人的一生中具有非常重要的地位。幼儿园日常的户外活动、早操、体育游戏，就是帮助幼儿形成较好的运动习惯的大好时机。在户外活动中，幼儿使用各种器械进行玩耍。圆圈在幼儿园中随处可见，我们经常可以看到幼儿在跳圈、滚圈等，他们对圆圈特别感兴趣。因此，我们从幼儿的兴趣出发，挖掘出圆圈对幼儿的教育价值和潜能，特别设计本次活动，让幼儿可以在游戏中得到快乐。

·活动目标

1. 运用滚动的方法探索物体的轨迹，发现轨迹与物体形状之间的关系。

2. 大胆利用自己的经验进行滚动的探索与验证，运用简单的符号进行记录。

3. 激发对身边科学现象的兴趣，体验科学探索的乐趣。

·活动重难点

活动重点：利用自己的经验进行探索与验证，学习用简单的符号记录。

活动难点：探索物体滚动的轨迹与物体形状之间的关系。

·活动准备

相关视频、统计表、记录表（人手一张）、记号笔、纸筒芯、羽毛球、茶叶罐、一次性纸杯、颜料、抹布等。

·活动过程

一、经验回顾

1. 欣赏幼儿玩呼啦圈游戏的视频。

师："今天，老师带来了一段小朋友玩呼啦圈的视频，我们一起来看一看。"

2. 引导幼儿发现呼啦圈的玩法。

师："视频当中，小朋友们是怎么玩呼啦圈的？"

幼："滚起来玩，转起来玩，跳着玩……"

3. 小结：原来，圆形的呼啦圈可以转着玩，跳着玩，还可以滚动着玩，真好玩！

二、自主探索滚动

1. 幼儿第一次操作。（环节目标：引导幼儿探索材料，区分会滚动与不会滚动的物体。）

(1)幼儿自主探索物品的滚动。

师："老师这里准备了一些材料，我们一起试一试，看看它们能不能滚动着玩?”

(2)验证探索结果。

师生共同验证、记录结果,在会滚动的物品后面打钩,不会滚动的物品后打叉。

(3)个别幼儿示范,教师引导幼儿正确的“滚”的动作。(用食指轻轻放在物体的中心,向前一推,滚动起来了。)

提问:“这些材料滚动的路线一样吗?有什么不同?”

2. 幼儿第二次操作。(环节目标:鼓励幼儿发现物体滚动时不同的路线。)

(1)幼儿尝试滚动,发现滚动效果的不同。

(2)验证。

(3)出示符号“→”“C”,理解符号的意义。引导幼儿发现两个符号之间的区别。

小结:当物体滚动的路线是直线时,我们用“→”表示,当物体滚动的路线是弯曲的时,我们用“C”这个符号表示。

3. 幼儿第三次操作。(环节目标:幼儿通过记录表,用“→”“C”符号完成操作;知道这些路线叫作“轨迹”。)

(1)出示记录表,引导幼儿探索滚动的路径。

师:“老师这里有一张记录表,表上的每一种材料都请你们去滚一滚,试一试,并把它的路线用‘→’或‘C’符号记录在相对应的空格上,完成后我们一起来分享。”

(2)验证幼儿的记录结果。

小结:纸杯、羽毛球滚动的路线是弯曲的,纸筒芯、茶叶罐滚动的路线是直线的,我们把这些路线叫作“轨迹”。

(3)设疑:“为什么一次性纸杯滚动的轨迹是弯曲的,而茶叶罐的轨迹是直线的?”

(4)教师验证。

观看教师操作视频,验证幼儿的猜想。

总结：物体的滚动轨迹与它两头圆的大小有关系，当两头的圆一样大的时候，滚动的轨迹是直线的；当两头圆不一样大时，滚动的轨迹就是弯曲的。

三、滚一滚、画一画

1. 出示材料，提出要求。

师：“视频中的轨迹画，你们想不想来试一试？今天老师也为大家提供了颜料、抹布、白纸。我们选择一个材料在颜料里面滚一滚，然后放到纸上滚一滚，这样有趣的轨迹画就出现啦！大家一起来试一试吧！”

2. 幼儿尝试轨迹画。

鼓励幼儿在操作过程中和同伴交换材料进行操作，并说说自己的滚动轨迹是怎么样的。（图 3-15）

3. 讲评呈现作品。

师：“你们的轨迹画像什么？”

延伸：我们把有趣的轨迹画带到其他区域，看看能不能把它变得更有趣！

• 活动反思

从第一次选课到最终确定内容，我们从没有方向到逐渐有点思路，并且在一次次的团队磨课中认识到了之前没有考虑过的问题。这些对我们之后的教育教学工作有很大的帮助。

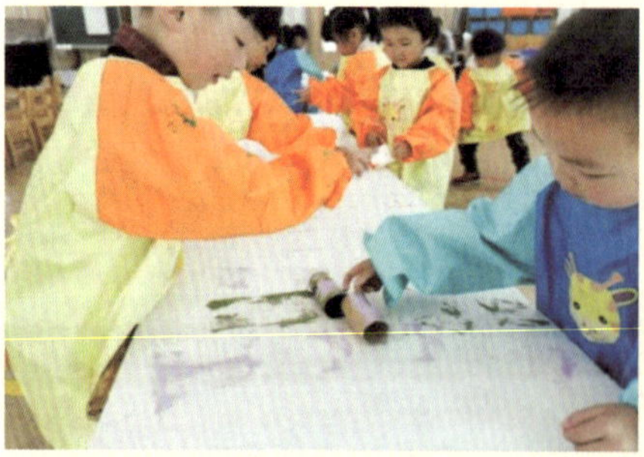

图 3-15　中班科学活动“滚动的圈”

案例2:圈圈歌(重点领域:语言)

· 设计意图

一次户外活动时,孩子们在做完操以后,纷纷拿着圈开始自由活动。有拿着圈滚动的;有拿着圈摆在地上,跳着玩的;还有拿着圈套在腰上当方向盘的……他们玩得不亦乐乎。

这时,可可跑过来说:“老师你快看,我的胳膊可以变圈圈。”说完就抡起了自己的胳膊,开始转圈。其他孩子看见了,也跑过来说:“我也会!”“我也会!”“我还能用脚转圈呢”……看到孩子们积极欢快地讨论,我想到了《圈圈歌》这首儿歌。我发现孩子们可以用自己的身体动作表达儿歌内涵,从而更好地进行创编。同时,为了增添活动的趣味性,我运用了“思维导图”,让孩子们可以根据图示更好地理解儿歌内容。

· 活动目标

1. 理解儿歌内容,体验与同伴合作朗读的乐趣。

2. 能够看图示朗读儿歌,体会儿歌的韵律美。

3. 结合生活经验大胆想象,仿编儿歌。

· 活动重难点

活动重点:能够看“图示”朗读儿歌。

活动难点:结合生活经验大胆想象,仿编儿歌。

· 活动准备

物资准备:儿歌音频,欢快的音乐,图示卡片一套,小动物图片若干。

经验准备:幼儿有合作朗诵的经验,知道身体部位可以画圈。

· 活动过程

一、游戏活动导入,激发幼儿兴趣

师:“小朋友们玩过圈圈吗?你是怎么玩的?今天我们要用身体部位画一个圈圈,让我们一起动起来!”(播放欢快的音乐,幼儿自由探索。)

1. 幼儿说说自己可以用身体哪个部位画圈，并示范。

师：“哇，你们太厉害了！如果不用手指画，用身体的其他部位来画圈圈，你们会不会呢？谁来试一试？”（请个别幼儿回答）

2. 教师用儿歌中的句式做小结。

二、朗读儿歌

1. 完整地欣赏儿歌。

（1）教师播放预先录好的配乐儿歌朗读音频，集体倾听一两遍。播放过程中教师站起来，跟着音频做一些动作，营造轻松愉悦的活动氛围。

师：“儿歌的名称是什么呢？儿歌中说到哪些身体部位可以画圈圈呢？”

（2）幼儿讨论儿歌中有哪些身体部位。

（3）师：“老师会用一种好玩的方法念出我们身体做出的动作哦！”

2. 看图示朗读儿歌，集体表演儿歌。（图 3-16）

（1）教师逐一揭晓图示卡片并进行分析。

（2）幼儿观察并根据图示尝试朗读儿歌。

（3）幼儿边朗诵边用身体的自由动作表现儿歌内容。

三、迁移仿编儿歌

师：“画圈圈真有趣，小动物们见了，也想来画圈圈了。看一看，想一想，图片上面的小动物们会用身体的什么部位来画圈圈？”（请个别幼儿回答）

师：“大象用什么部位画圈圈呢？你能像儿歌那样说一说吗？”（请个别幼儿说一说，及时纠正。）

教师逐个出示小动物图片，请幼儿进行仿编。如：尾巴摇摇，转一圈。（小猴）

四、结束活动

师：“除了这些小动物会画圈圈，还有谁会画圈圈呢？我们一起画一画、说一说吧。”

附：儿歌《圈圈歌》

大头大头，转一圈。

动动眼球，绕圈圈。

手臂划划，游泳圈。

手指点点，甜甜圈。

扭扭腰，扭扭腰，摇摇呼啦圈。

· **活动反思**

在本次活动中，我们对于上次活动中暴露的不足都加以了改善，使得活动流程更加顺畅。活动中，幼儿可以体验做小老师的感觉，而且图示由幼儿集体创作，更能引起幼儿的关注，让他们积极参与。本次活动在欢快的氛围中结束。

从本次活动中可以看出，活动的主体必须是幼儿，只有幼儿高度参与，才能达到课堂想要的目的和效果。

图 3-16 中班语言活动“圈圈歌”

（二）课程中生成的游戏故事

观察是教师研究和教学过程的重心。在探索“闲游”课程实施的过程中，我们着眼于幼儿的和谐发展和一日生活的完整性。在观察、摸索、总结、反思中，逐步了解幼儿的发展现状，了解幼儿的需求，从而调整和完善教育内容、方式和手段，促进幼儿持续、健康地发展。于是，教师会利用文字、照片、录像、记录表等方式，对幼儿与材料、同伴交互作用的过程，进行记录和呈现。

故事一:"野战部队"的小故事

游戏是幼儿生活的基本活动形式。幼儿在游戏中会不断地尝试,不断地发现,不断地表现自己。他们通过游戏表达意愿、宣泄情绪、展示能力。因此,幼儿游戏的世界是一个真正的童心世界。正因为幼儿的游戏行为折射着幼儿的情感、个性、经验和智慧,游戏才被看成是能够反映幼儿心灵的窗户,衡量幼儿发展的标尺。所以,不仅幼儿需要游戏,作为幼儿教育工作者的教师更需要理解幼儿的游戏,看懂幼儿的游戏行为。对幼儿游戏进行观察是教师了解幼儿游戏行为的关键手段。通过对幼儿游戏的观察,教师可以获取关于幼儿游戏的丰富信息:幼儿喜欢的游戏类型,幼儿喜欢的玩具和游戏设备,幼儿喜欢的游戏空间,幼儿乐于参与的游戏主题,幼儿与同伴、教师互动的方式,以及幼儿在游戏中表现出来的认知与社会性发展等各方面的有价值的信息。教师只有欣赏和发现幼儿的优点,关注幼儿能做的、感兴趣的事情,理解幼儿是有能力的、有自信的学习者与沟通者,让幼儿有更多自主活动的时间,才有可能产生更多的"哇"时刻,幼儿的优点才有可能得以更个性化地展现。

结合园本特色,为了让孩子们在户外游戏活动中练习平衡、钻爬和推拉等基本技能,发展孩子们动作的协调性和灵活性,同时保障幼儿的身心健康,让每个孩子都享受到游戏的乐趣,根据实际情况,我们因地制宜地为幼儿提供了各种游戏材料,野战区就成了幼儿们的体能锻炼区(图 3-17)。

图 3-17 "野战"游戏

场景一：

野战游戏中，一大群孩子分为攻守两方。守的一方躲在轮胎和油桶的后面，他们手握“枪”和“炮弹”，躲避来自对方的攻击。攻的一方用沙包当子弹，随时捡起散落在地上的沙包扔向不同躲避点里的小朋友。游戏开始前，幼儿们选择了自己需要的材料：“手枪”、沙包、医护箱、安全帽、迷彩服。我们将他们分为两个部队，清泽爸爸带一队，老师带一队。游戏开始，幼儿们开始躲避、攻击。“你被抓住了，你现在是我们的俘虏了。”清泽爸爸说道。被抓的诚诚开始用手击打，反抗逃生。老师顺势将他救下。没过多久，我们也抓了对方辰辰作为俘虏。辰辰和诚诚一样，开始反抗、挣扎，用“手枪”击打我的头部。辰辰得到了“警告”——“你的行为，已经违反了游戏规则。游戏前就已经说明，‘手枪’不可以拿来击打”。

《指南》将游戏与幼儿发展的关系概括为：游戏反映发展，游戏巩固发展，游戏促进发展。当幼儿进行游戏时，他的心理上和思想上都在进行强有力的学习。从该场景出现的情况中我们可以发现，幼儿的行为是会相互模仿学习的。好的模仿可以促进游戏的进展，而一些不正确的游戏行为会让游戏变得危险，同时还会破坏游戏氛围，需要我们及时指出和制止。

场景二：

“报告队长，发现敌军。”“躲避躲避，扔‘炸弹’。”但扔过去的“炸弹”没有引起幼儿的反应。这时，诚诚戴着头盔帽跑来：“报告，前方有敌情。”老师顺着话指导：“前方发现敌情，请做好隐蔽！”然后，幼儿真的开始寻找躲避点。可见，好玩的游戏会真正吸引孩子，让孩子用心投入。

在这场游戏中，从一开始制定游戏规则，到对游戏材料进行组合、合理使用，再到随着游戏进程的发展，随时改变材料的使用方式，孩子们的创造力得到了充分地发挥。他们开展了一次真正属于自己的游戏活动。所以孩子们玩得特别开心、特别快乐，真正进入了角色。

场景三：

经过一学期的经验积累，幼儿对野战区已经有了自己的想法。这次游戏一开始玩的时候，攻方就是攻方，守方就是守方，大家都循规蹈矩。后来，守方的孩子趁攻方不注意，捡起地上的球，向攻方发起还击。而攻方的孩子眼看一个一个地扔“子弹”火力不够猛烈，他们开始尝试囤积“子弹”发起一波集中攻击。游戏瞬间达到了高潮，有捡球的，有扔球的，有左右手一边捡球一边扔球的，更有躲的……

游戏给予我们的思考与启示：

①教师首先是一名旁观者、观察者，要把游戏真正还给孩子。

②我们应该努力为孩子提供丰富的游戏材料。

③游戏的玩法应是多样的，我们应鼓励、点赞幼儿的想象创造力；应对游戏材料进行多样化组合、改造；鼓励幼儿玩出精彩纷呈的游戏活动。

游戏中也有好几个问题值得我们探讨：

①在野战游戏中怎么样让幼儿找到同伴后有目的性地去玩。

②怎么样运用现有的地形和材料，让孩子们在游戏中真正体验到野战的乐趣？

③案例观察后教师要及时反思、评价，对有利于幼儿进一步游戏的措施应及时跟进。如，根据这次游戏活动的实际情况，我们应让幼儿进行经验分享，共同探讨下一次可以怎么玩，怎么进行角色分配。

作为教师，我们可以在游戏观察的基础上组织幼儿讨论，确定游戏角色的分工以及明确角色的职责。在幼儿游戏的过程中，关注每一位幼儿是教师工作的重要一环。当孩子出现困惑、疑虑的时候，我们要及时给予帮助和鼓励。因为幼儿游戏水平的不断提高，除了需要幼儿积极地自我探索外，更需要教师的外力引导和推进。这是我们以后需要更努力做到的点。

故事二:“绳”随你动

上学期开始,和睦园区围绕中心本部确立的——“玩透闲游”这一园本课程,从园区户外活动场地狭小不适合开展大型器械活动的现实出发,结合幼儿的年龄特点和生活经验,选择以“绳”为主要载体的轻器械来开展园区的园本课程。以“绳”为主要材料,我们在园区中心位置——大厅,制作了关于绳的种类、作用、在生活中的运用的集中介绍。每个班级围绕“绳”的主题,制作“绳”的主题墙面,包括绳的调查表、绳的认知图片等。在幼儿作品展示墙上陈列幼儿关于“绳”的作品,如毛线粘贴画、毛线拖画、毛根塑形作品等。同时,在原有的计划中加入绳这个材料(包括绳的衍生材料:麻绳、毛线、鞋带、彩带等)。除以上大环境的创设之外,各班也都开展了一些有关绳的体育游戏和其他领域的活动,同时在实施活动的过程中生成了一些幼儿感兴趣的新内容。

孩子们从小班就开始接触绳。经过一学期与绳有关的游戏活动,他们积累了很多玩绳的经验,如揪尾巴、跳皮筋、跨绳、舞彩带等。同时,他们在动作发展上也具有了一定的平衡能力、协调能力和灵敏度。如能沿着绳子走直线,保持身体平衡、双脚连续向前跳,掌握正面爬的动作要领,以及跨过一定高度的障碍物,等等。

《纲要》提出,要“开展丰富多彩的户外游戏和体育活动,培养幼儿参加体育活动的兴趣和习惯,增强体质,提高对环境的适应能力”,强调让幼儿“在快乐的童年生活中获得有益于健康身心发展的经验”,因此,我们在户外的树林下用轮胎、麻绳、铃铛创设出一块“穿越火线”区。但是,由于户外场地的限制,这个“穿越火线”场地的准备和布置,是由老师们预设和完成的,场地的高度、难度上比较固定。《指南》中指出,游戏是幼儿自主、自发、自由的活动,教师应该把游戏真正还给孩子,为幼儿创设丰富的条件和材料,提供幼儿感兴趣的,适合他们年龄特点的,促进幼儿学习发展的玩具材料,让幼儿自主选择并与各种材料发生交互作用。而本园区布置的户外"穿越火线"区，可以了解孩子钻、爬、跨的动作发展情况，呈现出的都是"我们想让孩子如何进行游戏"的观念，这大大局限了幼儿的创作能力，降低了他们的自主性。

经过反思与商讨后，我们从场地和游戏材料上进行了改进和调整：在一楼走廊的两个墙面上准备了三点一线的木片卡扣和带铃铛的皮筋，重新开设了一个室内"穿越火线"区。孩子们对这些新的材料产生了强烈的好奇心和兴趣。每天经过的时候，他们都会去碰一碰，拿一拿。私底下也会悄悄地谈论绳子的材料、特性，从而对这块区域情有独钟。这天，又轮到我们班去这块区域玩一玩了，孩子们可激动了，我们的故事也从这里开始啦（图 3-18）！

图 3-18　"穿越火线"游戏

• 游戏故事

片段一：我的地盘，我做主

来到"穿越火线"区后，孩子们就开始织"火线网"了。只见他们两两结伴，边拉绳子边商量着怎么设置。不一会，"火线网"就拉好了。孩子们来到起点，开始了他们的游戏，几个经常玩这个游戏的孩子很快就穿过了"火线"。

辰辰说："这也太简单了吧！"

我走过去问他们："要是这个'火线网'再密一点会怎么样呢？"

辰辰问我："那是不是要打很多叉叉？"

我回答说："你可以去试试哦。"

听完我的话，辰辰转身开始观察"火线网"，准备调整"火线网"。青青和果果看到辰辰在调整，也一起来帮忙了。调整好新的关卡后，他们开始了挑战。这一次，他们穿越“火线”的速度慢了很多。

游戏结束后，辰辰说：“老师，原来叉叉多了，洞洞也变多了呢。”

青青说：“不对不对，是洞洞变小了。”

我问：“你们都观察得非常仔细，那有没有挑战难度上的变化呢？”

大家纷纷讲述自己在游戏中遇到的挑战。

片段二：狭路相逢，我来救

孩子们相互合作织好了“火线网”后开始了他们的新一轮游戏。我看到常常一只手抱着裙子，一只手扶着墙壁，仔细观察着“火线网”。然后她屈膝、弯腰、紧缩身体，小心地侧身钻过网洞。就在这时，火线网内的几个孩子喊了起来：“老师，常常碰到铃铛了，她牺牲了。”

“那现在怎么办呢？”我问道。

“让她去等待区，我们一会去救她。”伊帆说。

“还能救，用什么办法救呢？”

“用玩‘老狼老狼几点钟’的方法吧！”甜甜说。

“这个可以有哦！”

常常开心地来到等待区，耐心地等待同伴来复活她。整个游戏中“牺牲”的孩子，都很开心地去等待区等待同伴来复活自己。

• 幼儿行为分析

（1）中班幼儿能接受一定的任务，形成一定的规则意识，能够发挥自己的想象力和创造力，进行大胆的尝试，但由于个体差异导致其动作的发展、平衡能力、动作协调能力和灵敏度都有所不同。在“片段一”中我们可以了解和观察到孩子的动作发展水平和社会交往能力，以及初步探究能力已经开始形成。如很多孩子已经练习和掌握多种钻、爬的动作要领，不过，还需要我们帮助他们提升平衡能力、动作协调能力与灵敏度，如两腿屈与伸的交替跨等。

(2)一开始，孩子们织的“火线网”比较简单，很多孩子都觉得没有难度，只是一遍又一遍地重复正面钻、爬等动作。在老师的介入下，辰辰结合自己的生活经验和观察，引导同伴用交叉的方式进行了调整，提高了游戏的难度。

(3)难度提升后，孩子们在游戏过程中能自由探索各种不同的身体移动方式。三个孩子分别采取了侧面钻与手脚着地爬相结合、匍匐爬、仰身爬等钻、爬动作穿越“火线”，在游戏中发展了动作的协调性和灵活性。同时，孩子们一边做着这些有难度的钻、爬动作，一边又能分出一部分的注意力用来观察周围的场景变化，随机应变。从活动中可以看出，孩子们敢于尝试一定难度的挑战，并在挑战过程中体验到游戏的乐趣。

(4)在“片段二”中，我们了解到孩子们在游戏中有着比较好的规则意识和创造能力。需要提升的是如何让幼儿讨论出新的游戏规则，如如何确认哪些是“牺牲者”，以及解救“牺牲者”的方法等。

(5)中班幼儿的知识经验已经较为丰富，想象思维能力也有所提高。在“片段二”中常常因为穿裙子触碰到“火线网”后，伊帆和甜甜根据已有的游戏经验，创设了新的游戏情境。这充分体现了孩子的直接经验对游戏的影响力和重要性。同时，在游戏中其他幼儿的规则意识也逐步得到了增强，知道了耐心等待，学会了自我管理和自我控制。

- **教师反思与策略**

(1)喜爱游戏是幼儿的天性，它伴随着幼儿的成长。幼儿成长的路上需要老师有目的、有计划地观察和记录，并引领幼儿游戏水平的提升，锻炼幼儿的协调性、柔韧性以及腰部、腿部等力量的发展。中班的孩子已经不满足于目前达到的行为水平，他们总想以略高于日常的水平来尝试新的游戏。在进行观察后，我以开放式的提问介入活动，让孩子们自主探索如何调整"火线网"，让他们发现不同高度、不同密度中的挑战难度，从而体验成功的快乐。在游戏中让孩子来控制材料，也能充分培养幼儿的合作意识，发挥幼儿在活动中的主导地位，真正使幼儿成为游戏的主体，发挥部分孩子的榜样作用，引导学习。挑战类游戏的设置也有利于幼儿逐步养成积极主动、认真专注、不怕困难、敢于探究和尝试、乐于想象和创造等良好的学习品质。

(2)游戏情景的设置有利于增强孩子们自主游戏的有效性，多样化的活动形式让幼儿爱上玩，多角度的情绪调动让幼儿创造玩，多维度的运动保障让幼儿尽情玩。游戏的玩法应是多样的，我们应鼓励幼儿的想象创造，鼓励幼儿玩出精彩纷呈的游戏活动，使幼儿能在游戏中得到更多的乐趣。同时，最大限度地挖掘幼儿的创造潜力，让他们敢于创新，增强自信，提升学习品质，更要积极鼓励与支持幼儿的奇思妙想和大胆尝试。在游戏中，教师以支持者的身份介入，激发幼儿创设情境。在游戏后，教师也应充分利用游戏的讲评，组织幼儿对游戏中出现的问题进行讨论，让幼儿在讨论甚至争执中寻求新的游戏规则，提高他们解决问题的能力，培养他们观察和思考的习惯。

· 游戏感悟

陈鹤琴先生说："游戏是儿童的心理特征，游戏是儿童的工作，游戏是儿童的生命。"幼儿的学习是以直接经验为基础的，是在游戏和日常生活中进行的。作为一线教师应观察、了解幼儿的学习与发展水平，评估他们的兴趣、特点和需要，以便更有效地增加他们的经验，促进他们的学习与发展。

经过整个游戏的观察、记录和分析，我认为教师首先要熟悉和掌握《指南》中的各个领域和目标，深入理解目标下具有关键意义的典型表现，这样才能更深入、更全面地观察和了解幼儿。其次要有一双善于发现的眼睛，一对会倾听的耳朵，和一双勤记录的手。游戏是幼儿的拿手好戏，没有教师的观察和介入，幼儿也会小步递进、自我发展，而如果有老师的合理介入和指导，他们的进步、发展肯定会更快。教师介入和指导的智慧源自于不断观察与解读幼儿的行为，源自于对幼儿学习与发展目标的熟悉程度。只有教师深入观察、客观评价并提供适当的支持，以及适时适宜的介入，才能更有利于幼儿个体的发展。

虽然我们玩绳的时间不是很长，但是能够看得出，即使是这么一个简单而又随处可见的轻器械，也能给孩子们带来无穷的乐趣。在接下来的研究中，我们将继续深入挖掘绳的教育价值，真正做到“绳”为我用，“绳”随你动。

故事三：小芽儿玩球记

• 实景记录，观察思考

某次户外游戏时，孩子们在玩篮球。惟惟和几个孩子在投球板前反复地投球，但是效果不佳，投进的次数很少。虽没投进几个球，但他们乐此不疲。渐渐地，他们不自觉地离开了投掷线，越来越往前，纷纷挤在球板前面扔球进洞。教师提醒投球规则后，他们也只稍稍好了一会儿。小伙伴们很快又拥挤在PVC管做的球板前，而且差点翻倒板子。惟惟一开始还遵守线后投球的规则，被小朋友拥挤着往前走了几步后，也开始违规投球。不一会儿，传来她兴奋的喊声：“哇，我进球了！你们看到了没，是我投进的。”他们一直重复投球、捡球的动作，十分钟后体力有所下降，累得气喘吁吁。随后教师提醒孩子们喝水休息，整个自主游戏持续了十五分钟左右。

• 谈话总结，罗列困惑

回到教室，我们利用餐前过渡时间讨论今天的投球游戏。小朋友们纷纷发言，漫漫说：“人太多了，挤在一起大家都投不进了。”惟惟说：“他们都站在我的线前面，挡住我了，这样是不对的。”玲玲说：“对呀，大家都乱糟糟的，更加难进球了。”教师进一步引导：“除了要遵守规则投球，游戏的时候你们还有什么困难？”有人想了想说：“投球的洞太高了，我都对不准。”“是呀，我的力气不太够，总是扔在网上。”荃荃补充道。孩子们在游戏中全情投入，游戏后主动思考总结，找出了游戏中存在的问题，进一步明确了游戏规则。这样的效果肯定比教师一再强调规则、进行约束有效。游戏后的交流讨论有助于孩子情绪、情感的发展。鼓励幼儿将自己的游戏体验，在集体面前通过语言表达出来，也提高了小班幼儿的表达能力，提升了他们的思维水平。

• 分析目标，理论支持

《指南》“3～4 岁幼儿动作发展目标”中，要求幼儿“能双手向上抛球”。在具体到投掷动作时《指南》进一步提出，“能单手将沙包向前投掷 2 米左右”。该案例中孩子们的投篮游戏是自发的，这对于小班幼儿来说是过难的。但是从中可以看到他们对于投球之类的游戏有很强的兴趣。在一个班级中，孩子们的运动能力水平差异比较大，有的孩子运动力量、肌肉动作发展、平衡能力都比较弱。案例中的几位孩子都是能力水平比较突出的，对困难的克服意识也比较强。虽然一直没怎么进球，但是重复投、捡动作也没让他们觉得乏味，仍然兴致勃勃。既然是他们喜欢的游戏，教师应该给予一定的帮助。对于他们提出的困难，老师应进一步思考，想想有没有更符合其能力水平的解决策略，满足孩子们的游戏欲望。游戏中，孩子们使用的是 5 号篮球，该类球的大小、重量都需要有一定的手臂力量，手掌才能牢牢抓握篮球。在此次游戏中，投掷线离球板距离较远，约 60cm，同时球筐、球板的高度又大大增大了进球的难度。那么，怎样能让孩子们钟爱的投球游戏简单化，符合小班幼儿能力水平并兼具趣味性，让他们获得更多的成就感呢？

• 抓住契机，变更材料

正当我一时找不到合适的方式解决问题时，一次偶然的事件让我突然有了灵感。某天晨间活动结束后，操场上有两个轮胎没被送回原处。然然拿起手里的球向轮胎洞内投去，一下子就中了。她高兴地招呼同伴们过来看。我灵光一闪：对呀，用轮胎做投掷目标，可以让投球重心降低，对于手臂力量的要求也相对减弱，这会大大方便孩子们。于是，我们又滚了几个轮胎过来试玩。孩子们一下子就喜欢上了这种新式投球，成功率也明显提升了。只见他们有的双手向上抛球，有的握球向前投。不管用什么姿势进球，小家伙们都得意地来来回回玩，停不下来。回到教室后大家都在讨论自己的成绩："我刚才投进了三个球呢！厉不厉害！你几个啊？""我也进了两个啊，洪老师说时间到了，不然我肯定能再进一个的。下次我们再玩这个游戏吧。"

这次游戏后，我们同样进行了谈话。小朋友们分享了自己投球的成功经验：①目标位置降低；②进球口变大；③投掷距离变短。这些因素的改变让轮胎投球变得更容易成功。孩子们获得了较强的满足感，提出想要再玩一次的愿望。因此，接下来几天的户外游戏、晨间活动，孩子们都玩起了轮胎投球，并且每天都有进步，比如都能自觉站成一列纵队等待投球等。既然这种形式孩子们已然掌握，逐步缺少挑战了，我们还可以创新出怎样的新玩法呢？我打算和孩子们再一次讨论这个问题，游戏的主人是他们，相信他们更有想法和话语权。

- **创设情境，更新玩法**

1. 家园合作

班级里再次进行了关于游戏的讨论。我引出了问题，轮胎投球的本领已经学会了，你们还有什么不一样的玩法吗？乐乐说："我们可以把几个轮胎叠起来再投球，这样投球目标变高了应该也好玩的。"牛牛说："要不我们把轮胎吊起来投球。"贝贝反驳道："这样不是和以前一样的吗，能不能不用投的呢？"一时间大家也没什么好的想法，最后决定回家问问爸爸妈妈。针对这一问题，我们在

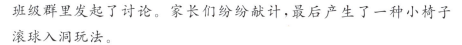

班级群里发起了讨论。家长们纷纷献计，最后产生了一种小椅子滚球入洞玩法。

2. 趣味情境

为了丰富游戏内容，我特意增加了情境描述：“小刺猬”（小朋友）送“红果子”（篮球）入洞——用6组小椅子面对面组成一片“草地”，尽头的轮胎洞洞就是“红果子”的“家”，“红果子”从“草地”上滚过去，滚进自己的“家”就胜利了。第一次游戏，孩子们滚球的力度没有掌握好，要不就是太轻，滚不到洞口就停住了，要不就是太重，在轮胎面上跳了出来。两轮游戏下来，大家有点摸到感觉了。艺艺最先将“红果子”送进“家”，大家都为她鼓掌。接下来越来越多的孩子成功了，气氛变得热烈起来。孩子们在排队等待的同时，不忘交流着各自的游戏秘诀：瞄准目标、控制好力气。

3. 分析反思

这次的游戏设计从投球变成了滚球入洞，虽然主要动作有变化，但是不变的是需要孩子们的手眼协调以及对手部力量与目标距离之间的控制。幼儿在层层递进的玩球游戏中已经习得了简单的控球能力，对球的特性也有了一定的感知。我们逐步丰富辅助材料、更新游戏形式满足他们的需要，让每位幼儿都有充分体验游戏，获得成功的机会。同时，根据小班年龄特点创设新的、生动的、有趣的球类游戏情境，促进幼儿的情感参与度，提高幼儿玩球的持久性。

4. 存在的问题

（1）幼儿对于某一种球类活动材料往往有一个兴趣周期。当一种球类活动材料刚出现时，他们往往很有兴趣。经过一段时间后，兴趣逐步降低，在没有老师指导的情况下，会呈反复状态。因此，我们必须在活动过程中多关注幼儿参与游戏的情况，根据幼儿的兴趣点变化情况、游戏的实际反馈，及时调整活动内容和活动形式。

(2)设计丰富多样、符合幼儿年龄特点的球类游戏是对教师的考验。为了满足幼儿的好奇心,激发幼儿参与球类游戏的兴趣,我们要提供丰富的材料,创设不同的情境,设计多样的游戏环节。这对教师的观察力、创造力、游戏组织能力都是一种挑战。一个人的智慧是有限的,我们要善于综合利用资源,家园沟通合作引导家长意识到球类活动对于幼儿长远发展的影响,让他们积极配合活动,出谋献策。在亲子活动时间内,让幼儿多玩球类互动游戏,发展孩子走、跑、跳、投等综合能力。

(3)小班幼儿年龄小,运动能力较弱,游戏规则意识也比较差,游戏过程中易出现争抢材料、插队、犯规等行为。教师要保障游戏场地、材料、内容的安全性及适宜性,及时引导幼儿关注游戏规则,合理安排运动量,提醒幼儿注意运动安全和休息饮水。

三、"闲游"课程的经典案例

自"闲游"课程启动后,各园区都对园内的子课程项目进行了研讨、观察、反思、优化,本着协同参与、梳理思辨、动态留白的原则开展课程。在与幼儿共创课程体系、梳理课程实施价值、留白课程架构与路径中,"闲游"课程更显灵气。在课程实施中,无处不闪现着孩子们探究、参与的智慧;无处不在提升教师观察、思考的能力;无处不绽放着"闲游"课程融合、灵动的光芒。

(一)辨思困惑,把握幼儿兴奋点:丛林探险中关于"炸弹"的那些事儿

丛林探险是中心园区根据"闲游"课程所创设的一个户外游戏区,也是大班幼儿特别喜欢的一个游戏区。在这里有"山坡""沟壑""独木桥""攀爬区""隧道""轮胎山"等活动场所。每次活动时,都能看见孩子们开心地体验着各种项目。貌似丰富多彩的游戏内容却也遭遇到了幼儿游戏水平停滞不前、逐渐对游戏丧失兴趣等问题。面对游戏中不断出现的问题,我们在困惑中不断思考:怎样

的材料才是最适宜的、开放的，让幼儿可以在游戏中更自由、更主动、更快乐？想要帮助幼儿开阔思路、引发他们对主题内容的联想，教师又该如何正确地支撑和推进幼儿的游戏，让幼儿在游戏中实现小步递进的发展？

案例1：“闲游”课程环境下——与“蛇”战斗

自主游戏时间到了，我们来到了丛林探险游戏区（图3-19）。豆豆高声喊起来：“你们看，那是什么？好像是蛇！”豆豆边说边跑到了一棵树下，大家一起凑了过去，你一言我一语地说开了。晗晗说：“这条假蛇很大么。”尘尘说：“下面还有昆虫。”豆豆说：“这里变成原始森林啦！真好玩！”亮亮从材料区拿来了一把“枪”，对着“蛇”打起来：“突突突！我来打死它！”接着，有的幼儿徒手当枪朝着树上打，有的捡起石头往上面扔。此时，希希和溢溢两人各从筐里拿了两个纸球扔向树上，其他幼儿也从筐里拿出纸球纷纷投向“蛇”和“昆虫”。筐里的纸球投完了，只有三个幼儿把球捡回来继续投掷，大部分幼儿分散开去了。有的去其他树上找目标了；有的去攀爬轮胎了；有的去钻山洞了……三分钟之后，这三个幼儿也不玩纸球，而去玩其他项目了。

图3-19　与“蛇”战斗

分析：在这次活动中，豆豆一眼就看到了丛林探险里的新朋友，还联想到了“原始森林”的场景。说明他的观察能力比较强，而且生活经验比较丰富。亮亮、希希和溢溢则用“枪”和纸球攻击了树上的“蛇”和“昆虫”，进行了定点投掷的游戏。

树上新增的假蛇和昆虫，顿时引起了幼儿们的注意力。当看到有一个幼儿开始击打假蛇后，其他幼儿纷纷效仿。大部分幼儿反复进行了定点投掷的动作。当"炸弹"被投掷完了之后，只有个别幼儿会去捡回来反复投掷，但持续时间也只有三分钟，而后幼儿就去玩其他项目了。纸球也是老师提醒后他们才收拾放好的。这些情况说明幼儿对于新鲜事物充满了好奇心，但由于投掷动作比较单一，在反复投掷而且命中率并不高的情况下，他们很快就失去了持续投掷的乐趣。纸球的游戏也在短短几分钟后结束了。

根据维果茨基的观点，儿童在游戏中往往不满足于已经达到的行为水平。他们总是以略高于日常的水平来尝试新的游戏。在野趣型自然游戏场所中，趣味性主要体现在场地特征的多样性方面。幼儿在不同的运动游戏中通过体验各种场地特征来获得经验。对于已经达到这一行为水平的大班幼儿来说，定点投掷的动作若不存在难度，他们便会失去兴趣转而走向更有吸引力的地方。

问题一：我们思考，如何让幼儿的纸球游戏玩得更久一点，难度更大一点？

我们展开了一次"纸球还可以怎么玩"的话题讨论（图 3-20）。大家讨论说："纸球可以打树上的'蛇'""纸球可以打树上的'鸟窝'""可以用纸球比一比谁投得远""纸球可以当'炸弹'打'敌人'"。幼儿根据以上的探讨，制定了一份"纸球游戏计划书"（打"仗"、打"蛇"……）（图 3-21）。

图 3-20　同伴间互相商量纸球的玩法

图 3-21　幼儿制定的计划书

案例2:“闲游”课程环境下——纸球“炸弹”来了

图3-22 布置一新的场地

根据幼儿制定的计划书,老师们随即在场地上增设了梯子、靶子、纸棒、沙包等可以进行打仗游戏的材料(图3-22)。第二天,孩子们发现了这些材料,迫不及待地开始挑选武器。今天的纸球变成了“炸弹”,手持“炸弹”的小朋友们正面开火,互相袭击对方(图3-23)。星星把纸球扔了出去,便赶快躲了起来。纸球击中了糖糖。糖糖被击中后捡起纸球跑向别处。星星跑过来说:“老师,糖糖被我的‘炸弹’炸‘死’了,但是她都不倒下,还在用纸球炸别人呢!”“我没有受伤。”糖糖看了看身上说。纸球大战进行了十几分钟,有的幼儿快速地闪躲没有被击中;有的被击中假装倒下;有的被击中后仍继续游戏。

图3-23 纸球“炸弹”

回到教室,孩子们你一言我一语地讨论了起来:“今天我用‘炸弹’击中了糖糖和果果,可是他们都没有反应。”“这个‘炸弹’击中我们都不会留下痕迹。我爸爸玩过CS游戏,他击中对方时,对方的身体是会留下痕迹的。”阿宸说。小朋友的讨论越来越热烈。

分析:在对抗游戏中,幼儿通过闪躲、攻击练就了快速反应能力,在移动投射中增强了手眼协调能力。但对抗游戏的开展必须隐含着输赢的游戏规则，而输赢的标志就是孩子有没有被“炸弹”打中。如被攻击方被打中，则证明对方赢。反之，对方就输。

在这次游戏中，孩子们能够进行激烈的“对战”。同时，我们在游戏中也发现了问题：因为无法区分有没有被“炸弹”打中，所以无法确定输赢；被打中后的人依旧可以参与游戏，游戏陷入无限循环，使得游戏的情境和内容盘旋在原地；幼儿也会对重复的游戏逐渐丧失兴趣。孩子们引发的讨论说明他们能够理解规则的意义，并且在游戏时能够自然地运用。由此引发我们思考第二个问题：怎么利用输赢推进游戏的进程？

在随后的讨论中，阿宸想到了他爸爸玩过的真人 CS 游戏，在这个游戏中，被打中的人身上会留下印记。“枪”可以背在身上，随时射击，那纸球怎么能做到这一点呢？一个孩子提出：“用包装起来背着不就行了么！”我随机追问：“什么样的包呢？”有的说书包，有的说单肩包，有的说钱包……孩子们各有各的想法和理由。于是我们根据孩子们的经验继续投放颜料粉、沙包，并收集装“炸弹”用的包，尝试利用隐含的规则引发进一步的游戏。在接下来几天的游戏中，孩子们发现有了包可以移动，对打的场地不再固定在一处，还可以进行“游击战”。而且他们还发现斜挎在肩上的包在游戏中最为方便。

案例 3：“闲游”课程环境下——彩色“炸弹”的诞生

在第三天的游戏中，几个男孩子自己分了组。他们穿上衣服，背上挎包，装好带有颜料粉的“炸弹”（图 3-24），然后四散埋伏起来。贝贝躲在围墙的后面，时不时探出头来看看“敌方”的动静。趴在草丛中的洋洋发现了贝贝便慢慢地往围墙方向匍匐前进。他到贝贝身边两米左右时，向他丢了几个“炸弹”，然后快速跑开。而此时的贝贝正向斜前方的“敌人”多多丢着“炸弹”。看见自己身上的彩色印子后，贝贝丢的速度更快了。多多对贝贝说：“你被‘炸死’啦，不能动啦。”贝贝不听，仍然一个劲儿地向多多丢“炸弹”，满身“挂彩”的多多哭着跑到我面前向我讲述了贝贝的行为。

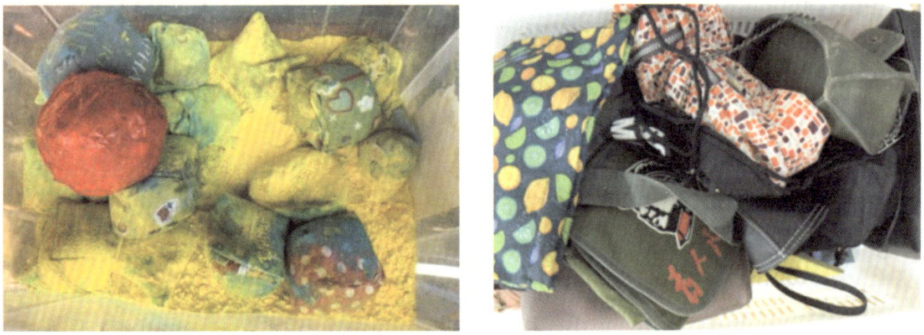

图 3-24 彩色“炸弹包”

分析：华爱华教授指出，游戏材料的投放要有利于引发矛盾冲突，促使幼儿在矛盾中获得发展。在本次游戏中，孩子们能够根据身上的彩色痕迹区分出谁被打中，但是被打中的孩子还是继续参与游戏，这显然是缺乏明确的游戏规则导致的。

基于大班幼儿的行为与能力，在规则游戏中，孩子们能够理解规则的意义且能与同伴协商制定规则。于是又产生了新问题：制定怎样的游戏规则呢？这一点引发了孩子们激烈的讨论。点点说：“被打中了就不能动啦。”洋洋说：“那也太无聊了，被打中一次就‘死’了。”帅帅说：“如果被打中一次就‘死’了，所有的人都被打中，那就不能玩了……”此时，男孩子们纷纷同意帅帅的说法。那该怎么解决这个问题呢？我将问题抛给了孩子们，孩子们也给了我惊喜。安安灵机一动：“那就谁被打中三次，就代表他‘死’了吧。”大家都表示赞同。老师继续问道：“那打中一次、两次呢？这种受伤的人该怎么办呢？”小可马上回答：“受伤就送‘医院’吧。”

在孩子们的讨论中，我感受到他们将片面的经验串联起来的过程。这个过程是解决问题的过程，也是孩子们思维能力、社交能力等综合提升的过程。孩子的讨论使得游戏更加趣味化和情景化。幼儿游戏的积极性也被大大地调动了起来。在讨论中，孩子们不但共同制定了游戏规则（图 3-25），还为游戏增设了一个“救护站”（图 3-26），使得游戏情境和游戏内容更加丰富。

图 3-25 "我的营救路线"

图 3-26 丛林探险的"救护站"

(二)形式多样,实现实施的多元:"'筷'乐童年"课程的实施

"'筷'乐童年"是里项园区的特色课程。在这里,孩子们与竹、筷、美食发生着有趣、智慧、精彩的故事。基于"闲游"课程中的健康特色,里项园区结合生活,以"筷"为载体,以"乐"为主旨,以"健康童年"为目标,活用自然物材、"大手小手"、家长助力,让课程更灵活、生动。

1. 自然物材,课程有物可玩

"'筷'乐童年"从狭义上来说是从生活中的筷子出发,由不同材质、不同长短粗细、装饰各异、不同用途的"筷子",引申出如竹子→巨人的筷子这样的联想。从广义上来讲,形似,功用相同,材质相仿的棍、棒、竹等材料也可作为联想的原点。而我们的身边到处都能看见这样的材料。这些对孩子有什么教育意义?可以怎么玩、怎么用呢?都值得我们与孩子一同去探索与发现。所以我们利用身边的资源,将资源与幼儿的一日生活相结合,进行了探索(图 3-27)。

图 3-27 一起玩竹梯

2.“大手小手”,课程有趣生动

在课程实施的过程中,我们发现存在幼儿对部分器械兴趣不大的问题。这与玩法比较单一,部分器械与幼儿年龄段不符,部分器械的安全因素需要注意等相关。于是,我们的晨间活动以混年龄段的形式开展,以大带小进行活动(图 3-28)。在每一次游戏中,孩子们都能全身心地投入:大年龄的孩子呵护、照顾、引导着小年龄的孩子,而小年龄的孩子在哥哥姐姐的帮助、鼓励下,也得到了更多锻炼。

图 3-28 大手牵小手,游戏乐翻天

3. 家长助力,课程事半功倍

众所周知,家庭教育在幼儿教育中有着极为重要的作用。《纲要》指出:“家庭是幼儿园重要的合作伙伴。应本着尊重、平等合作的原则,争取家长的理解、支持和主动参与,并积极支持、帮助家长提高教育能力。”那么如何才能做好家长工作,使家长真正了解我们的课程,并成为我们“闲游”课程的合作伙伴就成了我园每一个幼教工作者都应该考虑的问题。我们应该充分利用家长资源,充实课程的内容,提升课程的实用性。

案例4:“闲游”课程环境下——“筷”乐器械大比拼

4月24日下午,里项园区的操场上热闹非凡。原来他们在进行着“我老爸最棒,‘筷’乐器械大比拼”活动(图3-29)。爸爸们分好小组,设计好器械图纸,准备好所需材料——钉子、榔头、竹子、PVC管、卷尺、笔……爸爸们像极了一个个专业的设计师,认真地制作着各种器械。他们分工合作,你测量,我敲打,他切割。虽说爸爸们来自各行各业,但是真的制作起来也是一点都不含糊,丝毫不亚于专业的能工巧匠。他们边商量边制作,场上瞬间变成了幼儿园器材加工厂。不一会儿,一件件器械完美完成。这项活动不仅增进了家园之间的了解,更让孩子们对父亲有了不一样的认识。

图3-29　爸爸们完美合作,器械完成啦

4.寻找生长点,探寻学习发生的路

滚灯剧院是方家山园区特色课程的一部分。在这里,孩子们装扮成自己喜欢的角色,在舞台上尽情地释放自我:唱歌、跳舞、讲故事、表演武术……滚灯剧院为幼儿提供了一个表现自我的舞台。孩子们在游戏时,总会带上自己喜欢的材料进入滚灯剧院。这不,他们将美工区的材料和户外自主区域滚灯剧院结合到了一起。

案例5:“闲游”课程环境下——滚灯剧院里飞舞的彩带

这天家钰在美工区玩。他拿了一根吸管,几条剪成细条的皱纸。他把皱纸打开,拉成长条,用固体胶对着皱纸中间进行黏合。不一会儿,他的作品完成了,这件作品好像运动会时用的彩带。

这时，梦珩凑了过来：“家钰，你做的这是什么呀？五颜六色的长条，还挺好看的嘛！”家钰一听有人说他做得好看，马上朝着梦珩嘿嘿一笑：“这个啊，可以用来甩一甩，瞧。”说着就拿着做好的彩条在地上甩了起来。梦珩看到了，高兴地说：“我也来做一个。”于是梦珩也做了一个（图 3-30）。

图 3-30 彩带展示

到了户外自主活动的时候，梦珩对我说：“老师老师，等会我想去滚灯剧院，我带上了小彩带！”说着她把小彩带绕在了吸管上，拿在手里，“这样就不会掉出来了！”

梦珩来到了滚灯剧院。首先，她挑选了两个紫色的手环，套在手上。接着，她就来到了舞台上，只见她把绕好的彩带慢慢地打开，一条长长的彩色带子出现了。梦珩先拿着吸管向左甩，彩带也跟着向左甩动了起来；接着她拿着彩带向右甩，彩带也向右甩；梦珩再拿着吸管不停地快速甩，彩带就像蛇一般扭动个不停。馨蕊也在滚灯剧院，她被梦珩的新“道具”吸引了，问道：“梦珩，也让我试试可以吗？”梦珩点点头，把彩带交到馨蕊手里。馨蕊拿起来，先挥了挥，接着就快速地小跑了一段。彩带在空中飞了起来。馨蕊停下来，彩带也就不动了。梦珩说：“我也来试试，跑起来可以让小彩带飞起来耶。”于是两人在台上尽情地玩着彩带飞舞的游戏（图 3-31）。

图 3-31　飞舞的彩带

玩了一会，梦珩突然停下来，对馨蕊说：“馨蕊，你看我，我像舞蹈家一样！你会做吗？”只见梦珩一只手甩动彩带，身体开始像体操运动员一样，优美地做起了一些动作，表情也十分陶醉。馨蕊说：“你跳得真好，教教我吧！”于是，梦珩就教馨蕊跳了起来，一边教，一边还喊道：“一二三四，二二三四……”一旦梦珩觉得馨蕊跳得有不对的地方，还上前帮忙纠正错误呢。

分析：从这个案例中我们可以看到：第一，本次“滚灯剧院里飞舞的彩带”游戏是小朋友自主自愿的选择。在特定游戏情境中，他们决定了材料以及游戏的方式方法，体现了孩子的自主性。第二，在这次活动中，幼儿有可观察的外部行为表现。从案例中可以看出，梦珩通过本次游戏，脸上绽放出灿烂的微笑，她的表情是正向的。同时她和同伴之间也有交际性语言产生，在行为上有探究和嬉戏成分在内。第三，从馨蕊的言语“我可以试试吗”以及“你跳得真好，教教我吧”中，可看出馨蕊的内部心理特征，她是真的对这个自制的“吸管彩带”感兴趣，想要玩一玩。特别是看到梦珩拿着彩带跳得很优美的时候，那种跃跃欲试的心情就更加不言而喻了。因此，从以上三点可以看出，孩子们在滚灯剧院舞动彩带的游戏，是属于他们的真游戏，并非老师强加给他们的“伪游戏”。

另外，我们也可以看到，梦珩能够从同伴的行为中得到启发，进而开展滚灯剧院的彩带活动，可见她是一个自主、自信，同时也是爱动脑筋的孩子。还有，我们也看到她在艺术方面表现较好。她会自制材料，根据已有的经验，模仿体操运动员舞动彩带的动作。她的观察十分仔细，连表情都模仿得很到位。最后，从梦珩教馨蕊跳舞这段中可以看出，梦珩在舞蹈方面也是有前期基础的。不难想象，她的身体协调性发展得也是不错的。

本次游戏结束后，老师们针对彩带这一低结构材料对幼儿展开引导。根据彩带很轻，风儿一吹就轻轻飞起的质地，引导幼儿用手腕挥动吸管，带动彩带绕出各种不同的形状（如波浪形、圆形、直线型、弧形等），探索手腕转动力道与彩带呈现形状之间的关系，提升挥舞彩带的难度，达到幼儿的“最近发展区”。其次，根据幼儿对体操运动员挥舞彩带感兴趣的现象，通过图片、视频及相关教学方式，使幼儿了解和掌握关于彩带的更多玩法，让幼儿在滚灯剧院这个舞台上，释放魅力，展现自我。

我们的课程还在进行，孩子与课程的有趣故事也在继续。“闲游”课程是打造魅力校园的有效途径。“闲游”课程的开展是以学校发展规划为风向标，将我园的教育理念辐射到园区特色课程开发、班级特色活动创生中的有益探索。“闲游”课程以幼儿需求为出发点，构建具有开放性、多元性的班级特色活动体系。“闲游”课程努力探寻适合每一个孩子成长的教育之路，引导幼儿在活动中经历，在经历中体验，培养他们勇敢、自信、大方、主动的心智品质。

第四部分

“闲游”课程的资源

一、“闲游”课程资源的选择

（一）我们对“闲游”课程资源的理解

从根本上讲，学习活动是个体在与自然、社会的互动过程中实现知识的构建和意义的生成，它使得自然、社会通过“互动与对话”的形式进入了课程，成为课程开发与建设的不竭源泉。在园本课程的建设中，课程资源既要着眼于幼儿内在经验的连续性，又需关注幼儿内部经验和客观环境的互动性，把重心放在为幼儿学习构筑一个生态化学习环境，为幼儿的学习进程提供显性和隐性的资源支持上。

（二）课程资源的功能

资源经过选择、加工、整合后进入教育过程，课程资源包括对课程开展产生有效影响的一切有形和无形因素。“闲游”课程资源为课程教学提供了基本条件，它们可能被幼儿直接利用，也可能被成人利用，进而对幼儿产生影响。在课程学习中，资源的功能得以充分展现。

1. 资源支持幼儿学习活动的发生与发展

可以说，没有资源就没有真正的幼儿学习活动。幼儿的学习，是在不断地与适宜的资源相互作用的过程中进行的，只有这样，他们才能真正建构自己的内部经验。地域性的“闲游”课程资源，让幼儿在“闲游”课程实施中跨越了幼儿园的围墙，更多地看到、听到、接触到“外面精彩的世界”，从而使社区、家庭等环境资源能进一步促进课程实施的丰富和深入。

2. 资源可以改变大脑

课程资源改变了所有课程参与者的大脑，包括儿童和教师。在由刚出生时的自然人向社会人转变的过程中，周围的环境是人生长发展、智慧形成的源泉，适宜的环境对人的活动与经验不断地提供刺激，而这在建立人的大脑神经联系方面具有重要的意义。《摇篮里的科学家》一书在研究"大脑是怎样形成的"这一问题时提出：人脑一旦启用便会不停地进行自我连接，它深深地依赖经验去埋下线路，而早期的经验不断地改变着大脑，婴儿所看到、听到、嗅到、触到和尝到的每一种东西都会影响大脑争取联络的方法。脑科学研究也指出，人所拥有的经验以及对内部经验不断地提取、应用，有助于建立大脑的网络——神经联系。可见，幼儿和教师尽可能地与资源环境发生互动，不仅对其大脑功能的改善极为重要，还能使其经验得到相应的改造。

第一，资源改变了幼儿的大脑。幼儿的大脑的可塑性很强，学前期的幼儿处于皮亚杰所说的认知发展的前运算阶段，主要依靠动作表象和直观的事物来获得经验，因此幼儿必须依靠自己来学习。"闲游"课程资源非常丰富，幼儿可以自主地与学习内容相互作用，与教师相互作用，与同伴相互作用，自发地获取经验。幼儿通过操作、观察、欣赏、体验、反思等多种途径与外界事物产生联系，用自己的感官去感受世界，获得对世界的认识，产生对世界的情感。物质资源的增减以及幼儿与资源互动方式的改变等，都能引起幼儿大脑思维方式的建构，引发幼儿经验的迁移，使其在内部进行经验重组，并丰富、建构新的经验，促使幼儿自身更深层次的发展。

第二，资源改变了教师的大脑。发现、获取、利用课程资源的过程，是教师学习的过程。在这个过程中，教师不断地建构和改造自身的经验，学习了新东西，发展了新思想。成人大脑的这种制造新连接、修剪旧连接、生产新脑细胞的过程一直持续着。

作为"闲游"课程实施者的幼儿教师，首先，要避免随着年龄增长、经验丰富、技巧娴熟所带来的弊端，那就是往往固执于自己的一套方式，难以接受新事物。有探索意识的教师，才能真正发现课程资源；有发现眼光的教师，才能真正拥有课程资源。其次，在发现资源的同时要思考获取的方式，教师通过对大脑中获取资源的经验进行搜寻、提取、运用和再调整，使大脑细胞建立新的联系，形成获取某种资源所要采用的新的方法。在这个过程中，教师不仅仅有了新的方法，而且在与资源的对话中，也获得了有关资源的知识经验，从而丰富了自己的认知经验。再次，教师应根据活动的需要、幼儿的状况，以及资源的特性，对资源进行适当的选择、删减、组合等，从而让资源的利用更高效。教师在利用资源的过程中，大脑又一次充分活跃起来，不断提取经验并重新建构，不断适应新的环境。

（三）“闲游”课程资源的种类

在“闲游”课程中，资源是丰富多彩的，不同的课程内容所需要的资源是不同的。我们把课程资源分为以下四类（表 4-1）。

1. 自然资源

自然资源指自然界中的各种事物。它是幼儿探究世界、了解自然以及获取经验的必要条件。它不仅为幼儿的发展提供了物质基础，也对其审美及人格的发展起着重要的作用。而闲林自古具有“闲居林下”的美誉，依山傍水，自然资源丰厚。

2. 社会资源

社会资源指一切与人类生活相关的社会现象、社会事物以及社会活动的资源。社会资源包括了人类社会的生产工具和活动、人类社会的各种组织机构以及公共设施等。社会资源是帮助幼儿了解社会活动，建立社会行为规范以及形成社会性人格的必要条件。

3. 文化资源

文化资源指人类社会在历史发展过程中创造出来的社会制度和人类精神及社会意识形态，它包括了物质、制度和精神文化资源三个方面，它是幼儿学习的主要内容，也是我们素材性课程资源的主要来源。

4. 人力资源

人力资源是指课程开发、组织、实施与评价过程中涉及的人的资源,包括幼儿与教师、幼儿园管理人员、家长、社区人员等。他们是课程开发与利用的主体,决定着课程资源开发与利用的水平。

表 4-1 "闲游"课程资源分类

资源类型	基本情况分析	可利用优势
自然环境	闲林依山傍水,幼儿园地处闲林中心地带,附近有方家山文化主题公园。	山区有丰厚的自然资源;水乡具有湿地风情。
社会资源	街道的沿街商店、超市、多功能综合性体艺馆等,为幼儿的课程实施提供了便利条件。	具有非常强大、丰富的人文和社区环境资源。
文化资源	篮球、乒乓球、康乐球等活动活跃民间,滚灯、马头灯、流星锤、灶头画等非物质文化项目源远流长。	老底子文化走进校园。
人力资源	来自各行各业的家长资源;社区的民间艺人资源,如"灶头画""舞狮舞龙"表演者、戏剧艺人等。	高素质的家长群体以及身怀一技之长的民间艺人。

(四)选择、筛选出可利用的课程资源

在我们周围,虽然有很多可以为幼儿的学习与发展提供可能的资源,但是并不是所有的资源都可以直接拿过来为幼儿所用。教师需要根据课程的理念和活动的具体需求,充分挖掘其中蕴藏的教育价值,经过反复挑选、评价、论证后,将最适宜的内容纳入幼儿园课程中(表 4-2)。

表 4-2 筛选、论证可利用的资源

筛选、论证的依据	筛选、论证的方式
1. 与幼儿园"闲游"课程内容相吻合。 2. 与幼儿健康和安全相吻合。 3. 能够满足幼儿兴趣和探究需求。 4. 与幼儿的接受能力、认知水平一致。 5. 所利用的资源具有便利性、公益性。 6. 所开展的活动能够获得相关部门支持。	1. 教师进行实地考察、评估。 2. 与相关部门进行沟通,获得支持。 3. 明确每个教学活动能有与之相匹配的资源内容。 4. 选择的资源能够循环使用。

(五)将可利用的课程资源整合为幼儿适宜的课程

经过反复筛选、论证,我们将可利用的社区、家长等资源整合

进我们的“闲游”课程，将其融入主题活动中。教师根据主题开展的进程和不同的发展阶段，选择适宜的教育资源，依据预设的目标、内容，以浓郁的人文资源为依托，拓展主题活动（表4-3）。幼儿园附近的超市、菜场、银行、小学、公园、敬老院、足球场等都成了可利用的教育资源，成了教育教学活动的“大教具”和“活教材”。

表4-3 融合基础课程的“闲游”课程资源（节选）

主题	融入基础主题的“闲游”课程内容				
落叶飘飘（小班）	捡落叶、找果子	我和大树妈妈合个影	野果集合	神奇的无患子	神奇的项链
品味闲林（中班）	方家山公园远足	安乐桥	买菜	敬老院里的爷爷奶奶	闲林的传说故事
老底子（大班）	走进灶头画	飞掷流星球	玩玩三角片	竹马跳跳乐	老街的黑白房屋

“闲游”资源课程的建立，为幼儿提供了更为广阔的探究空间，丰富了幼儿的学习内容和学习形式。在开展“闲游”课程时，我们借助地方的自然资源，帮助幼儿走出了幼儿园的“围墙”，到大自然中去感知、获得经验；借助闲林的人文资源，走出了教材的文本框架，让幼儿到真实的环境中去探索学习，做到了将“闲游”课程自然地融入幼儿一日生活之中。

二、“闲游”课程资源的开发

在我们的课程资源中，家庭和社区资源起着重要的作用。我们通过外部大环境和幼儿园小环境的结合，建立幼儿园、家庭、社区的互动，形成促进幼儿发展的合力，实现资源共享。同时在幼儿园文化与家庭社区文化的相互碰撞融合中，发展幼儿的社会性，促进教育走向社会，从而实现家庭、幼儿园、社会三位一体的大教育观。

（一）与真实生活紧密联系，为幼儿提供真实的生活现场

家庭、社区这两个空间是幼儿生活、活动的主要场所，其中的

人、事、物都是幼儿所熟悉的，与幼儿的生活紧密联系，与幼儿发生各种互动。通过对家庭和社区资源的利用，日常生活中真实的场景、真实的事物能重新呈现在幼儿的面前，使幼儿有亲切感，幼儿也能更容易接受并积极地投入其中。

(二)拓展活动空间，丰富幼儿的生活经验

家庭和社区资源的利用，让幼儿走出幼儿园这个相对狭小的空间，使幼儿有更多的机会走进社会、了解社会，在拓展幼儿眼界的同时，能使其通过与社区和不同家庭的接触，接触到多元的文化和观点。因为真实的家庭和社区资源再现了幼儿的生活，可以让幼儿接触到的事物更直观，更生动形象。幼儿在真实的情境中与这些资源展开对话、互动，从中学会如何解决与生活相关的真实问题，获得真实的体验，丰富生活经验。

三、"闲游"课程资源的利用

从我们的"闲游"课程资源观可以看出，课程资源在课程实施中起着重要的支持作用，课程的存在以课程资源的存在为前提。因此需要课程实施者有意识地开发与利用课程资源。通过选择、改造和组织后的资源，能为现实的课程所用，且与幼儿的心理发展逻辑和课程目标保持统一。从课程建构的实际出发，我们发现家庭、社区资源是其中最重要的资源。

家庭、社区资源的开发，是以教师为主要开发者，以幼儿、家长、社区机构、相关合作者为参与者，通过选择、组合加工、整理等方式进行的一项极具创造性的实践活动。家庭、社区资源开发利用的程度决定了课程实施内容的丰富程度和价值取向。

家庭、社区资源的利用，是根据幼儿的学习规律、现实水平以及活动要求，在低耗高效的前提下，对家庭、社区中的资源进行组合加工，以促进幼儿与资源充分有效互动的过程。

(一)开发的原则

1. 因地制宜

对于幼儿来说，没有什么学习内容比来自身边的生活更真实了。因此能反映幼儿生活、贴近幼儿生活的资源更容易让幼儿直接感知，更容易让幼儿获益，同时也能为教师和幼儿提供更多的机会去观察、互动。因此，教师需要有发现的眼光，有善于挖掘周边家庭、社区资源的能力，使资源的开发利用能充分体现幼儿园地域和文化的特性。同时，教师能创造性地利用幼儿园园内的空间场所，如开设种植园等，从而将园内的环境使用效率发挥得更高。

2. 多元参与

自然、社会中所蕴含的丰富资源是取之不尽、用之不竭的，而教师的力量是有限的，因此需要相关课程人员的共同参与，以挖掘更为丰富且有价值的资源。如家庭、社区中存在着多元的人力资源，幼儿园可通过信息调查、宣传沟通等方式，将家长、社区人员、其他专业人员等人力资源纳入到课程资源中来。

3. 持续发展

“闲游”课程的建设是一个可持续发展的过程，我们强调从幼儿生活出发，尊重幼儿兴趣认知和学习规律，并通过课程实施满足幼儿和谐发展的需要。因此，资源开发者也需要以开放的心态、持续发展的眼光来看待资源。因为生活是丰富多彩的，幼儿是鲜活多样的，社会是持续发展的，所以随着课程建设的不断发展和课程内容的不断完善，与幼儿互动的课程资源相应地也需要不断丰富、更新、完善。资源开发者需要根据活动的内容、活动对象的不同，在实践中发现更有价值的家庭、社区资源，为幼儿的学习提供有力的支持。

(二)利用的原则

1. 低耗高效

课程实施者在活动开展中需要有节约和效率意识，根据不同的活动、不同能力水平的幼儿，选择有利于幼儿发展的有价值的教育资源，在活动中提供充分的机会，让幼儿与家庭、社区资源产生互动，达到活动所需要的目标，从而减少不必要的资源浪费。

2. 重组创新

资源本身是可变的，它可以被发现创造和被改造。因此，资源要赋予教师和幼儿想象空间，在活动中教师可以通过以物代物，或者将几种资源重组成新的资源等方法找到所需要的目标；此外，教师应创造性地使用家庭、社区资源来促进活动的延续开展。

3. 适时相宜

与家庭、社区资源互动更多的是教师和幼儿。教师必须根据幼儿的活动习性、幼儿的年龄和学习特点，为幼儿提供感兴趣的、丰富的、有挑战性的、适合当前任务的家庭、社区资源，这样才能对幼儿的学习起到事半功倍的效果。另外，教师要为幼儿提供充足的时间和充分的机会，让其与资源充分互动，以便幼儿更深入地进行探究，并从中获得更多的经验。

四、“闲游”课程资源的互动

“闲游”课程的理念之一是“参与”，教师、幼儿、家长乃至社会其他团体都是课程发展的共同建设者和合作者。家长与幼儿园共同承担教育幼儿的责任，而家长的参与在客观上可以弥补课程实施的不足，丰富家园共育的内涵，所以家长是课程的重要建设者之一。

（一）家长参与课程建设的价值

1. 对课程规划的价值

由于职业的不同，家长的知识经验总能涉及多个方面，他们考虑问题的出发点与教师、幼儿有所不同，因此他们给出的意见和建议可使课程内容更加丰富、目标更加全面、实施途径更加多样，也使课程更真实，更贴近幼儿的需要。

2. 对课程资源的价值

课程需要丰富的资源作为支撑。家长作为重要的课程建议者，他们的参与可以弥补课程资源的不足，尤其是在物质资源方面，他们可以提供多通道的支持，同时在知识信息方面，他们大大超越教师熟悉的领域，这些都为幼儿的学习提供了保障。例如，在中班的微主题“丛林小战士”活动中，我们邀请当过兵的爸爸开展主题活动，给孩子们讲解武器和军人的英姿，同时还带领幼儿参与野外探险活动，兵爸爸带领幼儿玩打仗、丛林探险，他们柔中带刚，刚中带细，使得活动取得了很好的效果，充实了我园的课程资源。

3. 对幼儿发展的价值

家长作为课程的建设者，一方面可对幼儿不同阶段的学习活动起到不同程度的影响，如在刚进入主题活动时，家长可以通过带幼儿参观有关场所，介绍相关常识等方式，为幼儿获得初步经验提供帮助，在这个过程中家长以自己积极的态度和热情，引导幼儿愉快地投入主题活动中，发挥积极的引导作用；在主题活动进行过程中，家长可以通过帮助幼儿动手制作、排练节目、仿真演习等，来促进幼儿知识、技能的学习和积累。另一方面，家长基于对幼儿的了解，在“闲游”课程的家庭指导中，可以根据幼儿的兴趣和发展现状，有针对性地进行指导、交流、讨论，以满足幼儿个性化学习的需要。

4. 对家长自身的价值

首先，在课程实施过程中，亲子互动，可以促进家长的发展。只有处于发展中的家长才能应对幼儿不断出现的问题。例如，在大班“中国娃”主题活动中，家长与幼儿共同进行调查活动，如果要解答幼儿感兴趣的问题，家长就必须通过各种途径查阅相关资料，这个过程也带动了家长自身的发展，增强了家长与孩子间的沟通、交流，促进亲子关系的良性发展。其次，家长对课程的多方面参与，还可促进家长间的交流，在交流中丰富家长的教育策略。

(二)家长成为课程建设者的方式

怎样让家长从课程的参与者、合作者，进而成为课程的建设者呢？我们尝试了以下途径。

1. 从“旁观者”转变为“参与者”

在课程的开发过程中，传统的家园合作，家长们更多扮演着倾听者的角色，在幼儿园活动中处于旁观者的地位。因此，我们利用家长会、家园栏、家访等形式进行突破，帮助家长尽快从一个旁观者变为一个参与者。

(1)家长会

家长会是让家长了解我园“闲游”课程的一个窗口，每学期固定的家长会是一个难得的让全体家长集中的机会(图 4-1)。教师要利用这个机会，向家长介绍正确的教育观念和课程的特点，创设机会让家长了解课程的要求，让他们提出自己的建议(图 4-2、图 4-3)。也许一次家长会并不能给家长留下深刻的印象，但我们相信在每学期一次的家长会中，在教师不断对课程进行介绍并引发讨论的情况下，定会对家长形成潜移默化的影响。

图 4-1 新生家长会

图 4-2 在全园家长会上介绍“闲游”课程

图 4-3 家长参与“闲游”课程研讨

(2)家园栏

我们的家园栏也是家长了解我们“闲游”课程的一个重要场所,一般我们的家园栏会张贴“主题计划”“周计划”“活动剪影”和“互动留言区”等内容。通过详细的计划,家长可以了解我们日常的主题、课程和游戏;通过定时更换的活动剪影,家长可以清楚地看到我园的课程开展情况和幼儿参与其中的画面;最值得一提的是“互动留言区”,家长可以随时留下自己的想法和建议,这对班级的教育工作有很大的促进作用。

(3)家访

在“闲游”课程的引领下,我园家访工作也有了突破(图4-4)。家访前,教师会对“闲游”课程的开展情况进行总结,了解自己班级在课程开展过程中的优点或遇到的瓶颈,并根据自己班级存在的难题,制定资源调查表(表4-4),这样在家访的过程中,我们可以获取更多的信息和资源,便于运用到我们的课程中。

图4-4 入户家访

表 4-4　闲林中心幼儿园家长资源调查表

幼儿姓名		园区		所在班级	
家长姓名		年龄		专长、兴趣爱好	
职业		学历		联系电话	
您可以为孩子的幼儿园或班级提供哪些教育资源?					
您在什么时间方便来做助教?					

（4）日常的简单交流

在日常活动中，教师经常抽出时间与家长沟通，在宽松、自然的气氛下提出我们的教育观点以及课程中他们参与配合的方式方法，让家长逐步明确参与课程建设的意义和具体做法。

（5）幼儿园的网站、微信群

我们常利用幼儿园的网站、微信群发布活动照片，展示幼儿活动实录，或征询活动建议。这样就解决了家长由于工作忙，无法经常到园与老师当面交流的客观困难。

2. 以"参与者"的身份走进幼儿园，了解"闲游"课程

通过前期的家长会、家访、家园栏等形式，家长对自己的角色有了重新定位，在班级教师的引导下，逐渐从"旁观者""倾听者"的身份转换成"参与者"了。让家长参与到课程的审议中来，可以借助家长的视野，考虑"闲游"课程活动的开展和发展方向，同时也有助于提高家长与教师的合作意识，有助于增进家长与教师观念上的沟通，从而达成更多的教育共识。

（1）家长开放日

幼儿园的家长开放日是家长们每个学期都特别期盼的日子。

家长们在半日的活动观摩中，既能看到孩子在园的生活、学习情况，又能了解我园的教育教学水平。因此，我们在家长开放日的时候，除了开展主题活动教学，也比较注重将“闲游”课程展示出来，比如“丛林探险”“闲林人家”“闲幻沙水”等游戏课程，每个园区也会结合自己的特色相应地进行“绳玩”“球玩”“饮食文化”等内容的渗透教学，从而使家长更近距离地接触我们的课程，了解每个园区不同的“闲游”文化（图 4-5、图 4-6、图 4-7）。

图 4-5 家长观摩幼儿韵律操

图 4-6 家长观摩特色区域活动

图 4-7 家长观摩“野战”游戏

(2)家长学校

家长学校是家园合作的一个重要平台和纽带。通过家长学校，我们得以系统地向幼儿家长介绍我园园本课程和幼教理念。我们一般会邀请有一定影响力的专家来讲座，通过更权威的发言，使家长树立正确的课程意识，从而引导家长主动地参与到课程建构、活动内容和实施方式的选择中来(图 4-8、图 4-9)。

图 4-8　邀请专家进行家长学校培训讲座

图 4-9　培训中家长学习了制作酵素

(3)家委会

组建家长委员会，以点带面，通过部分家长来影响、带动另一部分家长，最终让全体家长树立正确的观念。我们在课程活动开展过程中，通过开放式或半开放式调查表、家委座谈会等多种形式，让家长参与进来。例如，我们在中班"新年庙会"主题活动中，就采用了半开放调查表的形式引导家长参与课程审议，家长可以选择自己认为有意义的、具有闲林地方特色的内容，加入我们的迎新活动中，同时，作为活动的一分子参与我们的现场指导(图 4-10、图 4-11、图 4-12)。

图 4-10　邀请家委参与运动会的策划与讨论

图 4-11　家委分组讨论

图 4-12　家委参与课程汇报排演

3.家长成为幼儿园课程实施的合作者

(1)家长提供资源支持

家长可提供的资源是多方面的。在物质资源方面,家长可提供的包括丰富的生活用品、图书、音像资料等,使课程实施的资源在品种、数量上有保障;在人力资源方面,通过家长可以更容易地引进多方面的专业人员。另外,通过家长还可以实现很多社区场所的参观访问活动,如带领幼儿参观绿城足球场、垃圾焚烧厂等。家长为课程建设提供了有力的资源保障,当家长对我们的“闲游”课程活动有了更深刻的了解后,提供的资源也将更具有针对性,对课程也就能起到更有效的作用。

在幼儿园课程实施中,我们有很多家长志愿者还会主动地帮助我们出谋划策,提供人力物力支援我们(图4-13)。比如:孩子们在“闲林人家”玩的时候缺少一些天然的桌子、凳子,就有两位爷爷主动找了大小不一的酒坛,帮我们一个一个埋进土里,还帮助营造了他们小时候玩耍的野餐环境;看见我们活动场地的一角有点空,有家长特意帮忙搜寻了一艘小木船,推动我们借助水乡文化特色,开展“划龙舟”游戏。正因为有了家长的参与,我们的课程资源才会越来越丰富。

图4-13　家长志愿者参与活动布置

(2)家长成为现场的教育者

在课程实施中,我们创设机会让家长参与到活动中来,让家长成为课程现场的教育者,参与课程内容的实施。在“爸爸妈妈当老师”家长体验日活动中，我们邀请有特长、有能力的家长组织幼儿开展相关活动。例如，在大班“我们的祖国真大”的主题活动中，有涉及传统文化方面的内容，我们会在家长资源库中调取家长信息，邀请有相关资源的家长们共同参与讨论活动内容、活动形式，帮助家长分析幼儿的年龄特点和本班幼儿的实际水平，把握好深浅尺度，请家长尽量利用孩子身边可见可得的物品，考虑活动的组织形式，共同制订出活动实施方案。在活动实施中，邀请他们承担一部分活动内容的组织工作，依据事先制定好的方案有计划、有步骤、有层次地开展一系列相关的小组和集体活动。家长们运用他们独特的传统文化素材，协助我们开展相应的传统文化活动，通过立体的、有现场感的教育方式，促进幼儿传承传统文化的积极性，使幼儿能真正在活动中有所收获，得到发展(图 4-14、图 4-15、图 4-16)。

图 4-14　交警爸爸现场指挥交通

图 4-15　消防员爸爸带着体验“灭火小战士”

图 4-16　解放军爸爸参与“祖国真伟大”主题教学

(三)家长资源的联动

1. 有效开发,充分挖掘身边的社区资源

我们认识到课程资源的开发和利用要因地制宜、突出优势,并且这是一个持续进行的过程,因此在形成我们的资源观的同时,我们对社区资源的开发进行了如下规划:

(1)自然资源

我园充分挖掘和利用了园内外的自然资源,对自然资源进行调查、甄别、选择,并合理运用到各项活动中。例如,幼儿园里有很多无患子树、杏树、李子树等自然物,我们常常在孩子们对这些自然物的探索和发现中生成新的活动,充实我们的“闲游”课程;幼儿园里有一方丛林,孩子们喜欢在此嬉戏、玩耍,久而久之这里成了孩子们喜爱的野趣宝地,孩子们能充分利用场地资源、自然物资源进行游戏。对于如何利用好园内外的自然资源,我园的教师们进行了详细的规划和丰富的实践(图 4-17、图 4-18、图 4-19)。

图 4-17　秋天的幼儿园遍地落叶

图 4-18　树叶、野果来个野味小炒

图 4-19　孩子们在丛林中探险

(2)文化资源

我园对文化资源的利用主要以周围社区的历史传统、文物古迹、典籍、旧相片、生活习俗、民间艺术及社区发展资料等为主。例如,在以“传统节日”为主题的教学活动中,我们带领幼儿在社区中通过细心的观察,发现社区居民在节日期间的相关习俗、礼节、饮食等,这些带有节日象征的风俗可以让幼儿从小就对我国的传统节日有所认识和了解,加深对家乡传统文化的感受和热爱(图

4-20、图 4-21、图 4-22)。

图 4-20　打年糕习俗进幼儿园

图 4-21　闲林特色——滚灯进课堂

图 4-22　孩子们玩赛龙舟游戏

(3)人力资源

社区资源是丰富多样、取之不竭的，而资源的开发和利用是多方人员共同参与、相互合作的过程。这些参与者既是课程的重要组成部分，也是课程实施的生命力所在。参与社区资源的开发和利用的人员，不仅有幼儿、家长、幼儿园的全体员工，而且我们还邀请、吸纳社区人员参与其中。另外，资源的开发和利用离不开具有较高专业知识的研究人员的参与，如专家教授、教科研人员等，他们可以为我们提供更有价值的资源支持(图 4-23、图 4-24、图 4-25)。

人力资源包括各种行业的工作者以及社区志愿服务人员，他们都是充实课程与教学的重要人力资源。在开展“老底子”主题活动的时候，我们发现有一位家长是非遗项目“灶头画”大师——阮仕荣老师，于是，我们便将阮老师邀请到我们幼儿园，让孩子欣赏他的各种作品，并带领幼儿体验创作的乐趣，真正做到了让身边的艺术大家走进幼儿园。

图 4-23　阮仕荣老师的非遗灶头画进课堂

图 4-24　民间艺人传承闲林老底子文化

图 4-25　书法老师送福字、写对联

2. 有目的地选择社区资源

我园在社区资源的开发和利用方面，主要挖掘了社区资源以及家长资源的价值，在对社区及家长资源进行调查、甄别和选择的基础上实现合理运用。例如，在幼儿园附近有一个方家山公园，我们充分利用公园优势开展“重阳节”主题活动，组织公园写生、规划游览路线、参观公园附近的店面、设计登高等；利用家长资源联系附近的闲湖城社区组织幼儿进行周边社区的徒步活动，既让幼儿了解了附近的地域资源，也锻炼了幼儿徒步行走的意志力（图4-26、图4-27、图4-28）。值得一提的是，我们与社区资源保持着良好的合作关系，使资源能够被长久利用。

图4-26 参观超市、自主购物

图4-27 闲湖城徒步

图4-28 重阳节祖孙方家山登高

3. 用多种形式开发社区资源

我们多方搜寻、保存、积累各种社区资源，并对其进行整理和分类。

（1）建立协作单位

这种方式多用于开发社区动植物资源和参观学习场所。如我们与社区公园建立了协作关系，定期带领幼儿去认识各种植物，了解有关动植物的知识。而社区交警大队则定期为幼儿开展交通安全教育等。我们还不定期地与社区协作单位召开座谈会，彼此交流协作的经验。这些举措都有力地推进了“闲游”课程的开展。

（2）聘请资源教师

我们根据课程开展的需要，聘请了一批专业人员作为“闲游”资源教师，如聘请围棋、篮球、足球、轮滑等项目的专业教师，请他们走进幼儿园，和教师、幼儿一起开展活动。

（3）绘制资源地图

全园教师在市内广泛地寻找可利用的资源，尤其注重对幼儿园周围社区资源的搜寻，逐渐建立起一批有价值的社区教学资源。如与幼儿园一街之隔的方家山公园内有丰富的自然生态和历史文化资源，社区消防中队的人力资源与消防设施等物质资源，以及社区中的太平商场、裁缝店、理发店、金海湾水族馆、学校、超市等其他资源。我们在获得并运用这些资源的基础上绘制了“闲游”课程资源地图，以便教师在活动实施时能便捷地寻找到相关地点。

（4）开展资源收集周活动

我们根据某个阶段课程实施的需要，定期向全园的幼儿家长收集各种废旧材料，然后将收集到的材料归类摆放到幼儿园资源室。有时也会根据季节进行收集，如中秋节的时候收集月饼盒，年底收集旧挂历等。

收集前，首先需要绘制一张有关“资源收集周”的图文海报，确定主题，说明用途和收集时间等。在收集前需要提醒家长对废旧材料进行清洁，并检查是否安全。收集后，对所有的材料我们还要进行再次的检查、归类。

（5）编写资源手册

我们根据课程需要和资源特点，对获取的资源进行筛选、组合、加工，既按资源的性质进行分类，又按幼儿园活动实施的案例特点进行分类，制订了“闲游”主题资源手册，为教师提供良好的资源分类指南。

（6）建立社区资源档案

我们将各种社区资源进行整理、归类，以文本信息（包括图片）、电子信息等的形式记录下来，形成社区资源档案，为教师提供良好的资源分类指南，以便教师在活动中及时联系、获取、使用所需资源。

4.合理利用,发挥社区资源最大效益

丰富多样的社区资源可以充分满足“闲游”课程实施的需要,在实施的过程中我们也注意了合理利用,使其发挥出最大效益。

(1)走进社区,开展“闲游”课程活动

在进行“闲游”课程活动时,由于园区条件所限,有些活动无法在幼儿园内开展,又不能将社区资源搬进幼儿园,于是我们就带领幼儿走进社区,开展活动。比如“超市”主题活动是让幼儿了解超市里有些什么物品、物品是如何摆放的、顾客是如何买东西的等信息,这就需要我们到社区里的超市开展现场调查活动,以增加幼儿相应的感性认识,帮助幼儿积累、提升生活经验。

(2)请进幼儿园,参与“闲游”课程活动

由于“闲游”课程需要各种专业人士的支持,所以我们常用“请进来”的方式,将社区专业人员请进学校,引入课程。例如,在“走近民间艺人”的主题活动中,我们邀请了灶头画大师——阮仕荣老师;我们邀请了社区的太极拳爱好者,为小朋友展示太极拳;我们还邀请了中国武术的专业教练团队,来我园展示武术;在“迎新”主题活动中,我们邀请了社区唱戏剧的老人、民间打年糕的团队,还有捏泥、做糖人的民间艺人,让幼儿充分接触闲林的非遗物质文化遗产。当然,请进幼儿园的资源不仅有相关人员,还包括材料、信息等资源。比如中班“消防车”主题活动,请进来的既有消防人员,又有消防车。

在“走进社区,请进幼儿园”之前,我们需要思考:社区资源的利用能否为幼儿提供真实的现场、真实的体验和真实的感受,帮助幼儿提升、拓展生活经验?社区资源的利用能否丰富“闲游”课程活动的内容、促进课程的深入与发展?社区资源中的人和环境是否安全?与幼儿进行交流的人员的语言表达是否清楚,能否让幼儿听懂?活动开展前是否对社区资源有规划,利用后是否有反思?为了顺利地“走进社区,请进幼儿园”,我们在活动中注意做好以下工作：活动前主动联系，并让对方了解我们利用资源的目的、方式和方法；活动中及时沟通，调整相关环节、内容，更好地满足幼儿的需要；活动结束后主动去了解对方对我园活动开展的看法与建议，共同进行资源效果评估。

我们不是单向地利用社区资源，而是注重与社区资源之间的互动互利。幼儿园作为社区单位中的一员，可以不定期地将园内资源向社区开放，与社区共享。比如对社区 0～3 岁幼儿开放场地，进行早期教育，又如借用幼儿园的课程资源与社区联谊承办活动等。社区资源支持了幼儿园课程的开展，保证了活动的开阔性、现场性、真实性；而幼儿园也要发挥自己的作用，为社区提供优质的服务，达到“获益于社区，回报于社区”的目的。

第五部分

“闲游”课程的评价

“闲游”课程的评价是多元的、真实的，对课程自身的价值及课程的实施起着重要的导向和质量监控作用。评价的目的、评价的指标体系和评价的方法等各方面都直接影响着课程培养目标的实现，影响着课程功能的发挥。在评价中，我们关注个体差异，将终结性评价与形成性评价相结合，重视评价指标的多元化、评价方法的多样化和评价主体的多元化，在实践中逐步形成了一套针对幼儿、教师及家长的重要评价方式。

一、对幼儿的评价

（一）主题册档案

主题册档案通过照片、记录图表、幼儿作品、主题活动观察记录及主题活动前后的思考等形式，反映主题实施脉络、实施过程、幼儿在主题活动中的状态等内容（图5-1、图5-2）。主题册档案的建立有利于教师更全面地了解幼儿在近阶段的发展状况，也便于教师对主题活动进行总结、回顾和反思，提升教育经验，借助档案，教师可将个人的教育经验进行展示、交流，为课程实施提供可借鉴的研究资料。

图5-1　幼儿园秋游活动中的主题册部分页面1

图5-2　幼儿园秋游活动中的主题册部分页面2

(二)幼儿成长档案

幼儿成长档案即幼儿个体成长的综合性档案，包括幼儿在园生活、行为、认知等方面的记录与评价等内容。幼儿成长档案包含幼儿活动中生成的作品、活动照片、相关文字描述(教师对幼儿的观察、幼儿趣事记录)等，其中有幼儿的自我评价(教师和家长帮助记录)，也有家长、同伴和教师的评价，这是由幼儿、家长、教师共同搜集资料、整理完成的，是家园共同评价的有效途径。它有利于反映幼儿在园三年的全面发展状况，使评价既有过程性又有阶段性。如图 5-3、图 5-4、图 5-5、图 5-6 所示就是我园幼儿的成长档案中的部分页面。

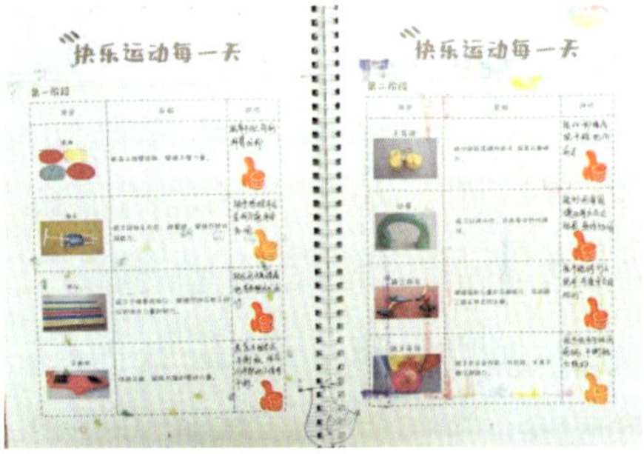

图 5-3　同伴用贴大拇指的方式互相评价

图 5-4　教师对幼儿游戏行为的观察和评价

图 5-5　家长记录幼儿的作品、童言稚语并评价

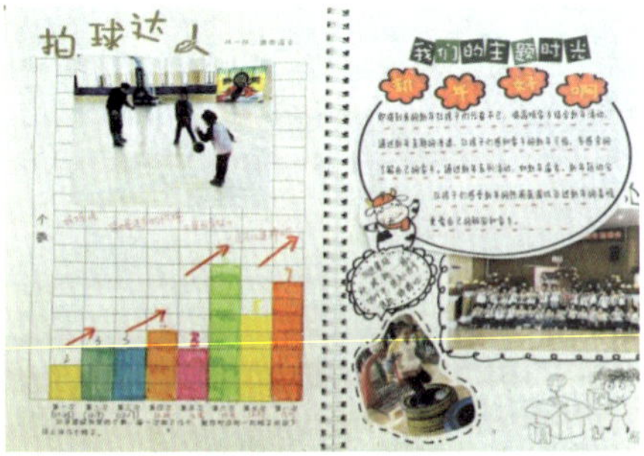

图 5-6　幼儿用自己的方式记录下拍球的过程

(三)幼儿发展评估表

在领域活动、主题活动结束后,教师根据一定的指标,对幼儿在活动中反映的态度、能力、知识与情感等各方面的发展情况进行评估,初步了解幼儿在活动中的投入程度、经验获得情况、能力发展状况等,有利于教师测评活动成果,为下一个活动的实施提供相关依据与准则(表 5-1)。

表 5-1 闲林中心幼儿园小班幼儿发展评估表

幼儿姓名	性别	出生年月	入园时间	联系电话	评估教师

能力发展	目标要求	上学期发展评价			下学期发展评价		
		★	★★	★★★	★	★★	★★★
健康和动作发展	1. 喜欢做操和体育游戏活动。						
	2. 会走、跑、跳、爬等基本动作。						
	3. 喜欢玩球,会滚球、拍球和自然地接球,会自然运用沙包等投掷物游戏。						
	4. 能正确、自然、协调地走和跑,能听信号向指定方向走和跑,在一定范围内四散跑。						
	5. 会使用小勺独立进餐,保持桌面干净。						
	6. 愿意独立午睡,在成人的协助下能穿脱衣服,并放在固定地方。						
	7. 初步知道五官的用处,不把手指或脏东西放进嘴里。						
	8. 在成人帮助下,能注意清洁卫生。						

续表 5-1

能力发展	目标要求	上学期发展评价			下学期发展评价		
		★	★★	★★★	★	★★	★★★
品德和社会能力	1. 乐意上幼儿园，愿意参加集体活动，能和同伴友好相处，不争夺或独占玩具。						
	2. 爱护玩具和图书，轻拿轻放，不乱扔，不损坏，玩好后物归原处。						
	3. 喜欢在游戏中模仿成人的劳动。						
	4. 爱父母、爱老师，会使用礼貌用语。						
	5. 对老师和小朋友的主动交往能做出积极反应。						
语言和认知能力	1. 乐意听老师、同伴说话，能听懂普通话。						
	2. 愿意学说普通话，喜欢与老师、小朋友交谈，乐意回答别人提出的问题。						
	3. 在游戏和活动中能用简单语言表达自己的请求和愿望。						
	4. 愿意听故事、儿歌，能独立地念儿歌，复述简短故事。						
	5. 对周围事物有兴趣，会用感官直接感知周围常见事物和现象的明显特征。						
	6. 能从游戏中体验到数学的趣味性，能根据物体的某一特征进行分类，能简单排序。						
	7. 感知“一一对应”的关系，对少量物体计数，并说出总数。						
	8. 对学习有兴趣，学会按照指示独立大胆地完成简单任务。						

续表 5-1

能力发展	目标要求	上学期发展评价			下学期发展评价		
		★	★★	★★★	★	★★	★★★
审美和艺术表现能力	1. 喜欢参加唱歌、跳舞、绘画等艺术活动。						
	2. 能跟着音乐节奏，合拍地走路、拍手，做一些模仿动作。						
	3. 会用蜡笔、油画棒绘画，能进行简单的绘画及手工活动。						
	4. 活动中有初步的想象力，会简单地表达自己的情感。						

(四)幼儿领域评估

结合“闲游”课程下的幼儿的体能课程发展，对幼儿进行阶段性评价，包括期初、期中、期末阶段。对幼儿的评价包括体能测试量化数据(表 5-2)和能力发展描述性评价(表 5-3)。

表 5-2 体能测试量化数据表

姓名 ______________ 班级 ______________

阶段	体能测度量化数据					
	身高(cm)	体重(kg)	双手抓杠悬空吊起(s)	单手投掷沙包(m)	单脚连续跳(m)	快跑(m)
期初						
期中						
期末						

表 5-3 能力发展描述性评价表

学生姓名	能力发展描述							
	自觉性			坚持性		专注性		
	意愿	目标意识	成就体验	遵守规则	完成任务	注视	倾听	注意力集中

附:能力发展描述性评价要点

·自觉性

★意愿

幼儿在完成任务的时候,表现出来的意愿如何?

A. 意愿强烈。跃跃欲试,确定目标,主动尝试操作与学习。

B. 意愿较强。按部就班参与其中,但没有自己明确的目标。

C. 意愿一般。表现为迟迟不肯操作,其本身并没有太强的参与意愿,看到同伴参与才缓慢尝试。

D. 意愿较差。表现为一种消极的被动反应,不肯接受任务,也不肯进行操作尝试,还带有负面的厌倦情绪。

★目标意识

幼儿在活动过程中的目标意识如何?

A. 目标明确。有计划、有步骤地完成任务,还会根据观察、思考增强任务的丰富性。

B. 目标较强。能够根据任务的需要,有意识地选择材料完成任务。

C. 目标不明确。随意拿取材料,但并未按照要求进行任务。

D. 毫无目标。无目的地拨动或随机拿取材料,并未确定任务的目标。

★成就体验

幼儿在完成任务时的成就体验表现如何?

A. 强烈的成就感。乐于展示自己的作品,并伴有一定的言语表达。

B. 较强成就感。表现出微笑等满意表情与一定成就感的言语。

C. 一般的成就体验。仅仅露出微笑等较满意或较满足的表情。

D. 成就体验较低。既无明显喜悦的满意情绪显露，也无相关言语表达。

· 坚持性

★遵守规则

幼儿能否遵守任务的要求和规则？

A. 完全遵守。听完任务与要求，能够按照要求完成任务。

B. 大部分遵守。看似没有听完任务与要求，但依旧按照要求完成任务。

C. 小部分遵守。不能够听完任务与要求，不能够完全按照要求完成任务。

D. 不能遵守。听不进任务与要求，并且不能够按照要求完成任务。

★完成任务

幼儿能否根据要求完成任务？

A. 完成度极高。自始至终坚持自己的任务，一直执行直至完成。

B. 完成度较高。经过自己独立思考后更换自己的任务内容。

C. 完成度一般。看到同伴的完成情况，则随意更换自己的任务内容。

D. 完成度较差。表现为随意、不断更换任务内容，并迟迟不能完成。

· 专注性

★注视

幼儿在完成任务时能否保持视觉关注？

A. 高度注视。一直紧盯材料和进度，眼神始终不离开，表现出高度的专注。

B. 基本注视。大部分时间关注任务进度，偶有 1～2 次眼神游离。

C. 一般注视。只有部分时间关注任务进度，常处于眼神游离状态。

D. 较差注视。对任务本身基本没有关注，表现为扫视材料，甚至去关注与任务无关的事物。

★倾听

幼儿在完成任务时能否保持倾听状态？

A. 完全倾听。能够仔细听完任务与要求并给予回应。

B. 大部分倾听。在教师宣布任务时认真倾听，但不能听完任务与要求。

C. 小部分倾听。在教师宣布任务时四处张望，不认真倾听。

D. 完全不听。不能倾听任务，对任务与要求置之不理，只顾着做自己的事。

★注意力集中

幼儿在完成任务时注意力是否集中？

A. 注意力十分集中。表现为专注操作无言语，甚至太投入而对旁人话语没有反应。

B. 注意力大部分集中。较集中，持续不间断地完成任务。

C. 注意力一般集中。偶有 1～2 次注意力分散。

D. 注意力未集中。表现为注意力分散，且伴有与活动无关的言行。

（五）教师观察分析记录

教师对幼儿在教学游戏、生活等过程中的语言和行为进行观察，并分析其行为背后隐藏的原因，形成一定的教育策略。教师利用观察分析可以了解幼儿在活动中的表现，分析幼儿的发展特点与发展状况，及时寻找教育措施与教育方法。表 5-4、表 5-5 是教师对幼儿在建构区域活动中的言行进行观察分析的记录。

表 5-4 建构游戏中幼儿言行观察记录表

姓 名 傲傲　　班 级 小二班

观察者 丁一可　　日 期 2020 年 6 月 24 日

勾出合适的发展情况

(√)技能指标 (√)创意能力 (√)社会性 (√)主题性 ( )材料使用

此照片、作品或趣事记录说明了下列发展进程：

策略跟进：

1. 幼儿对于材料的使用仅限于木质积木、塑料积木等高结构材料，因此搭建的作品呈现会比较单一，可以适当提供给幼儿一些低结构材料，比如KT板、纸板、牛奶罐、纸卷芯等，引导幼儿利用这些低结构材料进行搭建。

2. 对于幼儿在游戏中表现出的良好的社会性行为，教师应及时给予赞扬，增强幼儿的自信心。幼儿在搭建的过程中，同伴间有了简单的交流，个别幼儿能带动同伴融到自己创设的情境中，值得在游戏中或者结束后给予鼓励。

3. 利用优秀作品的立体呈现、公布照片、视频以及教师参与搭建游戏等方式，让幼儿培养更多的、不同的建构技能。小班下学期，幼儿的搭建能力处在垒高、平铺的水平，可以适当增加搭建的难度和复杂性。

勾出符合本次观察背景的项目：

(√)幼儿发起　　( )在成人引导下

( )教师发起　　(√)与同伴一起完成

(√)新任务　　( )用时 1～5 分钟

( )熟悉的任务　　(√)用时 5～15 分钟

( )独立完成　　( )用时 15 分钟以上

趣事记录：描述你看到的或听到的该幼儿的言行。

傲傲、跳跳他们正一起在建构区搭建积木。只听见傲傲喊着"老师快来看我搭的城堡"，我走过去，他津津有味地向我介绍这座高高的城堡，城堡有三层，每一层都是一样的高度。接着他和跳跳将旁边的玩具放在了不同的楼层，说："这是佩奇的家，他住在第二层。"说完两个人乐此不疲地将玩具放进去，再拿出来。过了一会儿，城堡似乎摇摇欲坠。最终，最上面一层掉了下来。"太高了，高楼都坍倒了。"说着，傲傲把上面的积木挪到了下面，在旁边又搭了一层。

表 5-5　幼儿社会性区域游戏中语言发展观察记录表

班级：中六班　　观察教师：曹倪文　　日期：2020 年 5 月

幼儿姓名	时间	游戏区域名称	评价标准（语言和交流）					
			有角色语言	有创造性语言	能与同伴协商	指导帮助同伴	没有语言表达	没和同伴交流
骅骅	5 月 22 日	彩虹小屋	√	√		√		
艺帆	5 月 22 日	彩虹小屋	√	√	√			
语晨	5 月 25 日	表演区	√		√			√
佳程	5 月 25 日	表演区	√		√			
瀚涛	5 月 27 日	彩虹小屋	√	√	√	√		
蔚然	5 月 27 日	彩虹小屋	√		√			
欣蕙	5 月 27 日	彩虹小屋		√	√	√		
思娴	5 月 27 日	彩虹小屋	√	√	√	√		
思静	5 月 29 日	表演区	√	√	√	√		
亦阳	5 月 29 日	表演区	√	√	√	√		
令仪	5 月 29 日	表演区	√	√	√	√		

注：教师根据幼儿的表现在表格中相应位置打"√"，请对全班幼儿进行观察记录，避免有幼儿被忽视，确保观察的广度。

（六）家长参与评价

家长参与对幼儿的评价。我们除了让家长了解和评价自己孩子在幼儿园的行为表现和学习品质之外，还要让家长了解并关注"闲游"课程的实施情况，让他们对自己孩子在活动中的表现给予评价。"闲游"课程中的家长评价主要体现在活动观摩、开放日、亲子活动以及学期的成长档案中。

二、对教师的评价

（一）保教常规工作评价细则

为全面客观地评估每一位教师履行岗位职责的情况，促进"闲游"课程更好地推进和发展，幼儿园制定了教师保教常规工作评价细则（表 5-6）。推行教师量化评价是深化教师管理的一项重要举措，有利于促进幼儿管理的民主化、科学化，有利于激发教师的工作积极性，形成有效的激励机制。

表 5-6 闲林中心幼儿园教师保教常规工作评价细则

检查细则			分值
活动组织（30分）	户外活动	1. 晨间活动时能按时到达预定的场地，恶劣天气情况下能按安排表进行室内体育活动。	1
		2. 晨间活动、户外活动时的设施与器械材料不少于5种，活动材料种类能按要求准备到位，数量能满足幼儿活动的需求。	2
		3. 鼓励每位幼儿都能参与活动，能关注到每位幼儿的运动量，及时进行调整。	1
		4. 早操能及时到达出操位置，无消极等待现象。	2
		5. 早操时精神饱满、有活力、动作到位，引导幼儿主动活动。	2
	集体教学	1. 每周一上午9点前张贴好本周各类计划，按计划进行活动，保证各类活动的时间。	2
		2. 教具、学具准备充分，并搬放到指定位置。	2
		3. 计划熟悉，重点清楚。	1
		4. 能根据传统节日计划、组织教育活动。	1
		5. 按计划在专用教室与游戏区域开展活动，养成活动结束后物归原处的习惯，并做好相应的记录。	1
	游戏活动	1. 按计划进行各类游戏活动，保证有足够的游戏时间。	2
		2. 保证游戏材料安全、卫生，材料结构符合幼儿年龄特点，并能适时调整。	2
		3. 加强观察，有效组织讲评活动，讲评内容中心明确，体现师幼互动。	1
		4. 鼓励幼儿与材料互动，激发孩子在活动中的兴趣，愿意探索与创造，有表现力。	1
		5. 适时进行指导。	1

续表 5-6

检查细则			分值
活动组织（30分）	保育工作	1. 各生活环节有序，有效性强。	3
		2. 午睡时教师无上床睡觉、谈天、吃零食等现象；午睡时幼儿无不脱衣裤现象，且衣物摆放整齐；及时巡视，关注幼儿，保证幼儿每天入睡率 90% 以上。	2
		3. 餐前能组织好幼儿洗手；确保幼儿用餐习惯良好，按时定量用餐；餐前、餐中、餐后组织有效、有序。	2
		4. 按要求做好垃圾分类的各项工作。	1
常规工作（25分）	备课情况	1. 能做到提前三天以上备课；备课本放在幼儿园，字迹端正；备课流程规范，根据自己的教龄，及时反思。	5
		2. 主题计划、周计划、区域计划内容全面，有班本化体现。	3
	教师随笔	3. 每月写教育随笔、教育案例，以日常工作为题材，有反思、有启发。	4
	区域观察	4. 区域游戏记录有针对性，按规定及时记录，选材典型，分析透彻。	8
	教师工作记录	5. 按时撰写、及时整理学习、会议等手记，书写工整。	3
	个案跟踪	6. 教育个案、反思等选材重点明确，能进行连续追踪记录，分析有效。	2
教育环境（25分）	家园栏	1. 内容丰富、全面，张贴有艺术性、独创性；更新及时，体现家园之间的互动交流。	2
	自然角	2. 种类多样，符合班级幼儿年龄特征，至少投放 1～2 种种植、实验类的植物；环境利于幼儿观察；有幼儿参与创设、管理和观察的痕迹。	3
	作品栏	3. 展示形式多样，种类丰富，体现五大领域的渗透；整体美观、和谐，符合幼儿视角，体现幼儿参与性；随主题的更换及时更替作品。	6

续表 5-6

<table>
<tr><th colspan="3">检查细则</th><th>分值</th></tr>
<tr><td rowspan="2">教育环境（25 分）</td><td>区域创设（含特色、民游）</td><td>4. 班级创设包含自主性和学习性区域；学习性区域需有能让幼儿理解的规则图、操作示意图；操作材料分层、充足，每个区域有不少于 5 种材质的材料，每种材质不少于 5 个；废物利用，投放与主题相结合的材料。区域开放时，体现幼儿的积极参与，教师的有效指导。</td><td>10</td></tr>
<tr><td>主题墙</td><td>5. 内容上突出主题，整体创设丰富、有创意；体现主题开展的进程，体现幼儿的参与度；主题墙蕴含教育价值，有利于幼儿获得相关主题知识。</td><td>4</td></tr>
<tr><td rowspan="5">幼儿评价（10 分）</td><td rowspan="4">幼儿成长记录</td><td>1. 每月记录认真、详细、符合幼儿实际。</td><td rowspan="4">6</td></tr>
<tr><td>2. 能够按时发放、回收率高。</td></tr>
<tr><td>3. 体现幼儿的个性化记录。</td></tr>
<tr><td>4. 切实体现家园互动。</td></tr>
<tr><td>幼儿一日活动记录</td><td>全面关注幼儿一日生活的各个环节，能够按时记录，观察到位、反思深刻。</td><td>4</td></tr>
<tr><td rowspan="3">家长工作（10 分）</td><td rowspan="3">家长工作</td><td>1. 按时调整家园联系栏，能针对性地指导家长，并有效互动。</td><td>2</td></tr>
<tr><td>2. 幼儿两天不来幼儿园要及时问明情况。若有家长反映老师的不良情况，经调查属实扣 10 分。</td><td>4</td></tr>
<tr><td>3. 利用好各种信息化资源，及时与家长进行有效沟通，并做好记录。</td><td>4</td></tr>
<tr><td colspan="2">合计</td><td colspan="2">100 分</td></tr>
</table>

（二）“闲游”特色课堂现场评析

在“闲游”课程中，我们更多地关注教师的教育实施过程，力求在过程中评价，确定幼儿是否充满兴趣地、积极主动地投入活动。根据评价对象和目的的不同，我们使用相关的评价表对教师组织的活动进行系统的观察记录，并通过相应的指标进行评价。如对教师教学活动效果的评价，一方面是通过教学活动评价表，从教学目标的制定、教学活动的设计、教学情境的创设、教学策略的运用、教学的效果等方面对教师的教学进行评价(表5-7);另一方面是通过教师个人的自我反思以及教师之间的活动审议(集体研讨式的反思)等形式,对教师的教学水平和教学效果进行综合性的评价,以促进所有教师课程实施能力的提高。

表5-7 "闲游"特色课堂教学活动评价表

评价者: 被评价者:

活动名称: 评价日期:

评价标准		评分
教学活动设计(20分)	1. 符合园本特色,有独创性。(5分)	
	2. 重点、难点突出,教学目的明确,体现三维目标的整合性。(10分)	
	3. 教案格式规范,环节齐全,并有环节说明。(5分)	
教学过程(60分)	1. 思路清晰,紧密围绕目标进行。(10分)	
	2. 课堂结构安排合理,主次分明,重难点突出,时间安排合理,环节紧凑。(10分)	
	3. 能及时发现幼儿需求,与幼儿积极有效互动,能及时、有效地做出回应。(10分)	
	4. 教学方法灵活,彰显"闲游"特色课堂的独创性。(10分)	
	5. 幼儿兴趣浓厚,能积极参与其中;活动能体现幼儿自主、合作的学习意识。(10分)	
	6. 教师亲切自然,有活力,情绪饱满,有感染力;语言简练、生动,语调适度,富于变化。(10分)	

续表 5-7

评价标准		评分
教师说课及效果（20 分）	1. 说课思路清晰，逻辑性强，时间掌控合理。（5 分）	
	2. 能说出自己在课堂组织中对重难点的处理方式和策略支持。（5 分）	
	3. 能及时对活动中的优缺点进行反思和分析，解析活动中目标的达成情况。（5 分）	
	4. 普通话标准，语言规范，表达生动、流畅。（5 分）	
总分		

（三）教师的教育心得

教师的反思是教师个人在课程实践中对所遇见的问题、所经历的事件的感悟与思考。教育心得往往是教师对课程实施中的种种事件较为真实、深刻的思考，渗透了教师的真实情感。阅读教师的教育心得，能够较为全面地把握教师在课程实施中的态度、行为和情感，了解其课程理念不断更新和课程行为不断完善的过程。

案例 1：教师在特色课堂展示中的自我反思

- 大班综合活动“球球大推广”课后反思：

在第一个环节“看广告”的过程中，活动重点是让幼儿抓住广告语的特点，但是在我让孩子们回忆广告里是怎么介绍产品的时候，孩子们没有说出相关广告语的特点，我应该多请几位小朋友说说他们听见了什么，在交流的过程中让孩子们加深对广告语的理解，为后面推广产品的环节做好铺垫。在第二个环节“赏海报”的过程中，孩子们的积极性有所提高，都发现了海报的特征，并且能很好地理解。在第三个环节“创作海报”当中，孩子们的创作没能很好地体现海报的特征，可能是因为没有很好地理解任务——制作一张推广篮球的海报。假如在听完音频之后我的总结到位一些，加深孩子们对情景中任务的印象，也许能设计出更具特征的海报。

• 中班健康活动"站住，我的球"活动反思：

本次活动以情景式、游戏式活动来提升幼儿的足球技能。由于活动过程中规则较多，因此当幼儿出现不守规则的行为时，教师要立即提出。但是因为我会被其他幼儿吸引，不能够很快地发现不守规则的幼儿，并再次强调规则。在活动过程中对于规则的解说还不够清晰，这一点要多加注意。而且，我往往会被眼前的幼儿吸引注意力，对幼儿的关注不是很全，没有做到一切尽收眼底。本次活动中还有一些不足的地方，在以后的集体教学活动中还要多加改进。

• 小班美术活动"甜甜圈"反思：

经过多次试教、修改教案和熟练流程，这次的试教整体还是顺畅的。不过在活动开始之前，由于没有提前对自己的课件进行调试，导致小朋友们等待了一段时间，自己也比较着急，使得上课的状态有所影响。在这次活动中，我将 PPT 中有洞的面包换成了实物，更加突出面包上的洞。对甜甜圈的图片进行了整合，第一种是单层的甜甜圈，分多种口味，甜甜圈上的食物也有所不同；第二种是双层夹心的甜甜圈。两种进行对比，使小朋友们在认识上有了一个提升，小朋友们能更好地感受到甜甜圈的好看和美味，从而激发他们制作甜甜圈的意愿。在出示准备的材料时，每种材料都有介绍，并特别讲解了扭扭棒，这么做是希望小朋友们在制作甜甜圈时能够设计出不一样的造型。在这次烤甜甜圈的过程中，可以看到小朋友们都在有秩序地等待，而且知道甜甜圈烤好要放在展台。教师提示搬小椅子来看自己做的甜甜圈时，大部分幼儿都能够做到。看到大部分小朋友做好了甜甜圈后，及时播放甜甜圈的图片，吸引他们注意，也让没有做好甜甜圈的小朋友明白要加速了。在点评环节，小朋友们能说出自己做的甜甜圈的口味、用到的方法等。

在这次活动中，我重点调整了教态，增强和小朋友们的互动，对于幼儿的回答，能够及时捕捉，并适当地给出回应，听到自己心中的答案时，能够"狠狠地"给出表扬，让幼儿有成就感。在点评环

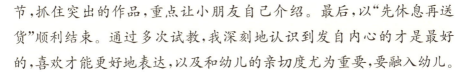

节，抓住突出的作品，重点让小朋友自己介绍。最后，以“先休息再送货”顺利结束。通过多次试教，我深刻地认识到发自内心的才是最好的，喜欢才能更好地表达，以及和幼儿的亲切度尤为重要，要融入幼儿。

• 中班科学“弹弹球”反思：

整个活动下来环节较紧凑，但是教学语言需要再凝练，接下去我会不断地练习争取进步。活动最后引导幼儿回归绘本故事《别跑，球！》，以故事开头又以故事结尾，首尾呼应，在了解、认知了弹弹球的弹性的基础上，以温馨的故事氛围结束活动，既发展了幼儿的语言想象力，又提升了幼儿的认知水平。总之，本次活动中教师需要改进的地方还有很多，语言需要再凝练，教师的体态举止也需要提升美感，希望下次会更好。

美国学者波斯纳曾提出教师的成长公式，即教师的成长＝经验＋反思。一个教师要成长，首先要学会认真地审视自己，正确地评价自己，自我教学评价和教学反思能够最大限度地提升教师的教学能力。在教学中只有时时反思、事事评价，自觉地矫正教学行为，使教师的教学更富有新意，这样才能不断提高教学水平，才能不断地成长，成为一名优秀的教师。

当然，教师的成长往往离不开团队的力量，年轻的幼儿园老师抱团成长也是加快进步的捷径。从下面的研修案例中，我们也会看到，我们的教师将自己的教学活动一次又一次地在团队中进行公开展示，并进行自我的、团队的评价和剖析，在研磨中提升整体的教学水平和课堂效果，使“闲游”课程更加丰满。

案例 2：特色课堂团队研磨课分析与总结

《指南》在动作发展第一条目标中指出，教师要利用多种活动发展幼儿身体平衡力、协调力和灵活性。基于孩子对生活中旋转现象探究的兴趣，我们设计了此次健康活动“旋转王国”。我们创设了参加舞会的情境，激发幼儿参与活动的兴趣，从体验入手，结合多种感官与途径，让孩子们体验旋转带来的美妙感觉。在这一堂大班健康活动"旋转王国"中,我们应该如何"激"趣,构建有效"乐旋"课堂呢?

1. 创设情境,引发幼儿兴趣

活动一开始,教师如果精心设计导入过程,创造教学情境,就可以唤起幼儿注意力,安定幼儿情绪,激起幼儿兴趣,使幼儿以良好的心态投入课堂学习。为此我们团队进行了思考,用"旋转王国"邀请小朋友参加舞会的情境导入,教师以"旋转女王"的身份提出闯关,开展活动,这样,充分唤起孩子们的好胜心理,增强孩子们活动的积极性(图 5-7)。我们还带领幼儿边听音乐边转动身体各部位,调动幼儿的情绪,为下一个活动做好充分准备。

2. 适时质疑,享受"乐旋"

"身体转呀转"环节是本次活动的重点,孩子们从"想""说""尝试"中探究自转的不同动作,到探究自转时保持平衡的小窍门,再到边自转边行进,逐层推进,难度递增。本次活动既增加了运动量,也为下一个活动奠定了基础。

教学中,我们通过恰当的提问,激发幼儿的好奇心,集中幼儿的注意力。比如,活动中教师抛出质疑:"你们刚才在旋转时有什么感觉?"引导幼儿回想刚才旋转时的感受,并思考出现这种感受的原因。教师自然而然地点出本次活动的重点:寻找旋转时保持身体平衡的窍门。

3. 层层递进,动静结合,教师的有效语言

(1)层层递进

"一磨"中,徐老师设计了许多游戏,虽然孩子们玩得很开心,但没有实现层层递进的效果。由此我们进行了调整,把第三关"转伞"的情境游戏,换成了移动旋转。之前的集体旋转,对幼儿个人没有适宜的难度提升,之后换成移动旋转这个游戏,对幼儿个人更有挑战性。我们进一步把圆形的队形放到舞会上,借助戴面具上"星光大道"参加旋转舞会的情景游戏,调动幼儿的活动兴趣,将

情绪推向高潮，让他们进一步体验转的乐趣（图 5-8）。

（2）动静结合

在第三关时，我们设计了观看视频、调整休息的环节。此环节可以放松孩子们的腿部肌肉，使孩子们紧张的情绪及身体得以缓解。“二磨”中，徐老师选择了一个体操运动员比赛的视频。通过观看，我们发现视频中的动作较多较杂，会转移幼儿的注意力，由此我们又展开了研讨。怎样的视频可以让孩子们更直观、更明了地感受到移动旋转的魅力，调动他们继续练习的愿望，让他们敢于尝试快速移动旋转？怎样引导孩子们观察得出移动旋转要以伸开双臂来保持身体的平稳，双脚尽量不要离地，与肩同宽，保持匀速移动旋转？

（3）教师的有效语言

在研磨的过程中，我们还发现教师在活动中的语言是比较随意的，有效提问较少，为此团队又一次聚在一起，对整个活动中教师的提问一字一句进行打磨。由此才有了教师在今天活动中的表现，比如运用了多种提问方法：叙述性提问（我们可以怎样把整个身体旋转起来？）、比较性提问（除了用脚，你还有什么不一样的方法？）、假设性提问（如果坐在地上能不能旋转？）、反诘性提问（你还有什么别的方法？）。

对于幼儿的提问，教师也能够及时回应。在第三环节幼儿尝试自转的过程中，教师能及时纠错，引导幼儿模仿教师或同伴的游戏经验获得成功。在循环游戏中，教师通过有效观察之后，根据幼儿游戏的情况及时进行了调整，使游戏难度不断增加。此时教师能较好地运用提升拓展等回应方式，让幼儿在一次又一次的挑战中获得成功的体验与自信。

4. 善于鼓励表扬，提高自信

每个幼儿都存在个体差异，这就需要教师用正确的态度对待他们。对于协调性好的、反应快的幼儿，教师应创造条件，积极启发他们发现和提出问题，体验成功的欢乐，增进学习兴趣。对于学习慢的幼儿,教师应因势利导。课堂的鼓励性语言,如"你真棒""你的思路很了不起""你的想法非常有道理""大家给予掌声鼓励"等是拉近师生距离、进行心与心沟通的桥梁,适时而恰当地运用鼓励性语言,可以激发幼儿蓬勃的求知欲望,使幼儿保持旺盛的乐学情绪。

经过团队的几次研讨活动,我们形成了共性认识:健康活动的有效性不只体现在教师的高效教学,它更多体现于幼儿有效的学习(图 5-9)。教师的有效教学,在于激发幼儿参与体育活动的积极主动性,在于帮助幼儿运动能力的提高。而在课堂上,如果教师能巧妙导入,创设情境,以趣激之,幼儿则乐在开头;如果教师能适时质疑,点缀趣味,享受乐趣,幼儿则乐在其中;如果教师能引导探索,鼓励表扬,提高自信,幼儿则乐在其后。善教者,能使幼儿脸上有笑,心中有乐,能让课堂生动活泼,高潮迭起,情趣盎然。这不仅能提高幼儿的能力,而且能陶冶幼儿的情操。

图 5-7 第一次试教

图 5-8 第二次试教

图 5-9 团队研修

（四）教学工作总结

工作总结是教师在一个阶段的工作完成后，对自己在这段时间内教学效果的概述与分析，是教师进行自我评价的一种方式。在总结中，教师可以了解自己教育教学的成绩与问题，为自己的进步发展寻找方法和策略。通过总结还可以了解到教师在课程实施中所遇到的困难和仍然存在的问题，所获得的成长以及对自己的期望与规划等。

（五）信息搜集

在“闲游”课程中，一方面我们通过对家长、教职工及其他课程相关人员以问卷调查和交流访谈的形式（如问卷、个别访谈、座谈交流会等），多渠道地了解他们对课程建构与实施情况、幼儿的发展状况、教师的师德修养与保教行为、幼儿园管理等信息的反馈；另一方面，在平时的工作中，我们会搜集教师的教学活动、自我反思后记、教育笔记等，从中获得一些真实的素材，从教育理念、教学方法、策略等多角度进行分析，促进教师教育观念、教育方法的改进。此外，我们还通过收集同事之间的互相反馈、幼儿对教师的感受等，了解、评价教师的实际工作能力与效果。

（六）家长评教

家长是幼儿园的服务对象，也是幼儿教育的合作者。来自家长的反馈信息和评价，可以从另一侧面反映教师的教育教学状况，以及课程实施的效果。幼儿园每年会组织家长进行问卷评教，每次评教中，幼儿园会针对“闲游”课程进行相关的问卷调查，让家长了解并关注“闲游”课程的实施情况，对教师的表现给予评价，从而提升我园“闲游”课程的影响力。表 5-8、表 5-9、表 5-10 是调查中的部分数据。

表 5-8 家长对我园的特色课程体系的了解情况调查统计表

选项	小计	比例
非常了解	1396	97.96%
听说,但不是很了解	29	2.04%
完全不了解	0	0%
本题有效填写人次	1425	

表 5-9 家长对幼儿园"闲游"课程的满意度统计表

选项	小计	比例
非常满意	957	67.16%
比较满意	427	29.96%
一般	41	2.88%
不太满意	0	0%
本题有效填写人次	1425	

表 5-10 家长对班级教师教育教学质量的评价统计表

选项	小计	比例
很满意	1137	79.79%
较满意	273	19.16%
一般	15	1.05%
差	0	0%
本题有效填写人次	1425	

三、对家长的评价

家长在"闲游"课程的实施中承担着多重角色。他们是教师的合作者、幼儿活动的指导者、"闲游"课程的考核者与评价者。课程的实施促进了幼儿、教师的发展,家长也会在课程实施的参与中获得成长。所以,我们在"闲游"课程评价中也初步形成了一些对家长的发展进行评价的方式。对家长的评价并不仅仅以教师作为主要评价者,更重要的是看家长自己的自我评价、幼儿对家长参与的感受。"闲游"课程中对家长的评价有以下几种主要形式。

(一)主题实施

首先,家长的参与意识可以从调查表的完成中体现出来。我们在表中只做框架式的提示,更多的设计空间留给了家长,让家长和幼儿一起设计完成调查表。其次,主题活动开展中家长会有所反馈,有的家长会主动与老师交流幼儿的表现,提出自己的看法与建议,有的家长会积极地提供相应的材料、信息。再次,主题活动结束后教师与家长之间会有一定的交流,如教师会咨询家长“在主题中你有什么收获”“在主题中你受到启发了吗”“你认为孩子在主题中获得了怎样的发展”等问题。通过这些问题的交流,教师可以感受到家长是否关注幼儿,是否关注幼儿学习的内容(图 5-10、图 5-11)。

图 5-10 家长观摩主题教学活动

图 5-11 家长参与主题教学活动

(二)活动开放

在幼儿园开展的家长开放日、家长志愿者活动及亲子活动中，家长是否积极提出建议、积极参与准备、提供相关资源，活动中能否与集体合作、积极参与组织、遵守规则等，都能体现家长的行为取向和参与热情(图 5-12、图 5-13)。

图 5-12　家长志愿者活动

图 5-13　家长参与运动会

(三)座谈交流

教师与家长的座谈交流，有个别与群体两种方式。教师针对话题或事例进行分析讨论，了解家长的教育观念，发现家长的认识水平和行为取向(图 5-14、图 5-15)。

图 5-14 家委座谈交流会

图 5-15 家长经验分享会

(四)问卷调查

调查问卷也是了解家长的经验、想法和态度的基本方法,问卷所涵盖的内容主要有孩子的发展、“闲游”课程的实施、幼儿园管理、教保工作、教师的师德素养、教师的教学能力等。

第六部分

“闲游”课程的培训与学习

一、架构有物的学习

在工作实践中，我们越来越感觉到一个“和谐、平等、快乐、民主”环境的重要性。我园从群体发展规律、创设成长平台、建立激励机制、完善管理制度等方面考虑，从教师的成长阶段性、结构层次性需要和心理的差异性去思考，充分提高教师自主发展的价值。教师们凝聚团体力量，发挥人本效能，营造积极向上、与时俱进的时代气息，推动着幼儿园课程的可持续性发展。教师从“闲游”课程实施者转变为课程开发者、研究者，不仅要关注自己对课程的理解，更要关注幼儿对课程的需要。教师要学会倾听幼儿、理解幼儿，更要学会与幼儿共同学习，这对教师的专业化程度要求更高。另外，我们意识到自己面临着多种挑战，这些挑战不仅来自课程、幼儿、家长和社会的要求，还来自教师自身发展的需求，来自教师自我价值实现的需求。从国际教师教育的发展观我们看到，“一朝受教、终身受用”的时代已经过去，教师的专业发展已经成为一个终身学习的过程。

（一）风中的木桶

有一个寓言故事，讲的是一个小孩在他父亲的葡萄酒厂看守橡木桶的经历（图 6-1）。每天早上，他用抹布将一个个木桶擦拭干净，然后一排排整齐地摆放好。令他生气的是，往往一夜之间，风就把他排列整齐的木桶吹得东倒西歪。小男孩儿委屈地哭了。父亲摸着男孩儿的头说：“孩子，别伤心，我们可以想办法去征服风。”于是，小男孩儿擦干了眼泪坐在木桶边想啊想啊，想了半天终于想出了一个办法，他挑来一桶一桶的清水，把它们倒进那些空空的橡木桶里，然后他怀着忐忑不安的心情回家睡觉了。第二天，天刚蒙

图 6-1　风中的木桶

蒙亮，小男孩儿就匆匆爬了起来，他跑到放桶的地方一看，那些橡木桶一个个排列得整整齐齐，没有一个被风吹倒的，也没有一个被风吹歪的。小男孩儿高兴地笑了，他对父亲说：“木桶要想不被风吹倒，就要加重木桶自己的重量。”男孩儿的父亲赞许地笑了。

科技快速发展的今天，教师们越来越觉得自己仿佛就像那个木桶。时间久了若没有人往桶里加水，桶就要被风征服了。园本课程开发是一项全新的、复杂的、富有挑战性的工作，它没有统一的模式，要求园长、教师根据本园的师资、幼儿园环境等具体条件，对课程进行选择、改编、新编。这对于广大一线幼儿教师来说，显然已超出了他们原有的知识和能力范围，这就使园本课程开发举步维艰。随着社会知识的不断更新和幼儿个体的发展，教师必须不断更新自己的认知理念。课程改革的实质首先就是要改造教师自身，其次才能不断探索出有效的教育方法，满足幼儿的需要。

对于个人来说，“重量”是多方面的：可以是知识的储备，可以是素养的提高，也可以是人格的完善，还可以是家庭的和谐、同事间的和睦相处。为自己“加重”就是一种磨炼，使自己能经得起人生路上的坎坎坷坷、风吹雨打。

我们改变不了这个世界和社会上的许多东西，但是我们可以改变自己，改变我们自身的“重量”，使我们的心灵变得富有，这样我们就可以稳稳地站在这个世界上了，不被风吹倒和打翻。给自我“加重”，这是一个人不被“打翻”的唯一方法。俗话说：“人无压力，轻飘飘。”确实，有了压力，才能迫使自己朝着目标奋进、努力、进取，才会增加“重量”，才能屹立于狂风暴雨之中。教师们面对课程开发，有了挑战，有了压力，自然就有了动力，但这个动力也需要系统地、科学地去培养、去挖掘。

（二）课程下的培训

“闲游”课程理念下的培训与学习，强调理论与实践的对话。我们利用一切学习资源，以园本课程的实践为依托，以教师的自我成长为核心，以团队的智慧碰撞为基础，以现场中的行动反思为重要实践方式，向书本学，向专家学，向实践学，向同事学。学习会让我们的视野更开阔，也为课程的开发带来诸多益处。比如在开展专题讨论之前，老师会事先通过读书、上网等途径学习有关理论，了解相关信息，看看专家、同行是怎样看待这些问题的，从中获得启发。老师们通过学习先进理念、经验，来丰盈自己的羽翼，从而更有效地把握幼儿的学习特点，最终确定课程开发的目标与方向，使课程的建构更契合幼儿发展需要。

我们提倡团队合作。我们组建了“闲游”课程核心小组（研修聚能团）和各年段的教研组，以此开展各类互动互助式活动。教师们是一个学习共同体，通过以实为基的多种学习、研讨方式，使个人的思想通过团队互动进行刺激提高，从而使个人智慧倍增。我们专门组织教师进行读书活动，交流、分享各自的体会和经验。让外出培训的老师做二次汇报讲座，还经常组织特色课程展示活动，推选课改新秀。通过互相观摩、讲评，老师们在实践中对话，发现问题，共同寻找解决办法。在这个过程中，新老师受益最多，优秀老师的实践示范会帮助他们更快地成长。这样的教研，实际上就是一种集体反思，将出现的问题拿出来一起剖析，提升经验，增加关于课程理论与自身实践的知识和能量。

我们提倡实践研究。以课程实施过程中教师所面对的各种具体问题为研究对象，既注重实际问题的解决，又注重经验的提升和规律的探索。如项目活动中“教师的指导策略”就经历了很长一段时间的探究。大家先从明确项目活动的价值开始，再逐步明确学习形式，同时学习建构主义关于幼儿学习的主要理论和项目教学等内容。在此基础上，大家将自己在实践中的点滴经验进行整理，发展形成项目指导要点。

我们提倡热爱生活。在培训和学习中，我们不仅学习更多的专业理念、方法、策略，还学习更丰富的有关科学的、艺术的、生活的文化知识，形成了一种更乐观的工作态度，重塑了我们的价值观。我们常常问自己:在学习过程中是否变得更亲密、更信任、更愿沟通、更理解他人?我们从学习中找到激情了吗?……学习使我们充满自信,从容面对每一天的生活、工作,更加热爱生活。

(三)培训与学习的规划路径

从职称结构、教师学历分布(图 6-2、图 6-3)看,我园教师队伍学历偏高,但名优教师行列占比非常低。从教龄专业层级调查来看,新手型占 40%,潜力型占 35%,骨干型占 25%,可见新手型教师总量偏多,潜力型教师则成为教师队伍的主力军,而骨干型教师总量偏小,比例不均。目前我园有区骨干教师 4 人,区教坛新秀 6 人,市教坛新秀 1 人,区青年教师岗位能手 3 人。

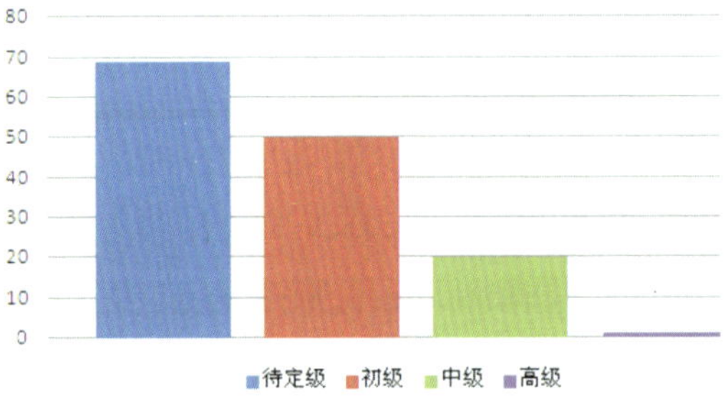

图 6-2 我园教师职称结构图

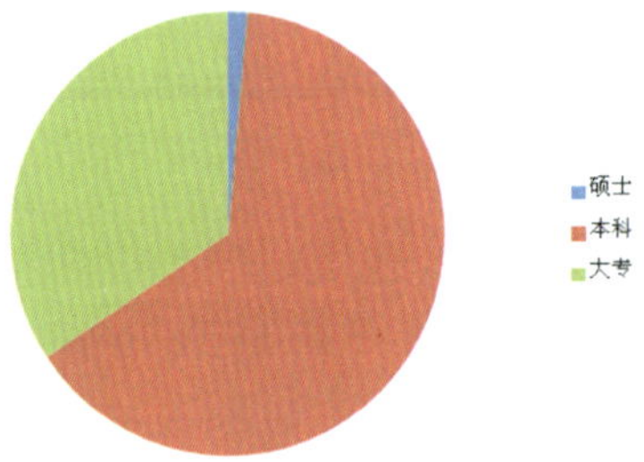

图 6-3 我园教师学历分布图

通过问卷调查我们了解到教师对园本课程的重视度较高。课程开发涉及许多专业知识和专业技巧,怎样推动教师跟上步伐,促进其快速成长,更好地促进幼儿园发展,是急需思考的问题。我园教师的专业能力有一定的层次性,不同教师的业务水平和个人素养高低不一。幼儿园根据每个教师的特点进行培养,对不同教师提出不同要求,提供不同的发展平台,使教师在原有水平上都能得到提高。“让教师成为园本课程的主人”,内在动机是教师持续发展的不竭动力。为了改变传统培训中教师缺乏学习的积极性、主动性,被动参与的局面,我们采取创设宽松氛围、运用多种学习方式、建立奖励机制等一系列措施,激发教师的学习兴趣和求知欲望,调动教师学习的积极性、主动性,彰显快乐的培训理念,使教师肯学、愿学、乐学。

在“培养体格强健、情绪愉悦、主动探究、勇敢自信的幼儿”的课程目标下，我们需构建具有我园特色的游戏化健康园本课程。因此，我们充分整合园本培训资源，让教研、科研、培训三者在时间和空间上充分融合，以主题为导引，开展丰富多彩的校本研训活动，使每一个有发展愿望的教师都能找到适合自己的平台，走出了一条富有特色的“主题式教、研、训一体化”之路（图 6-4）。

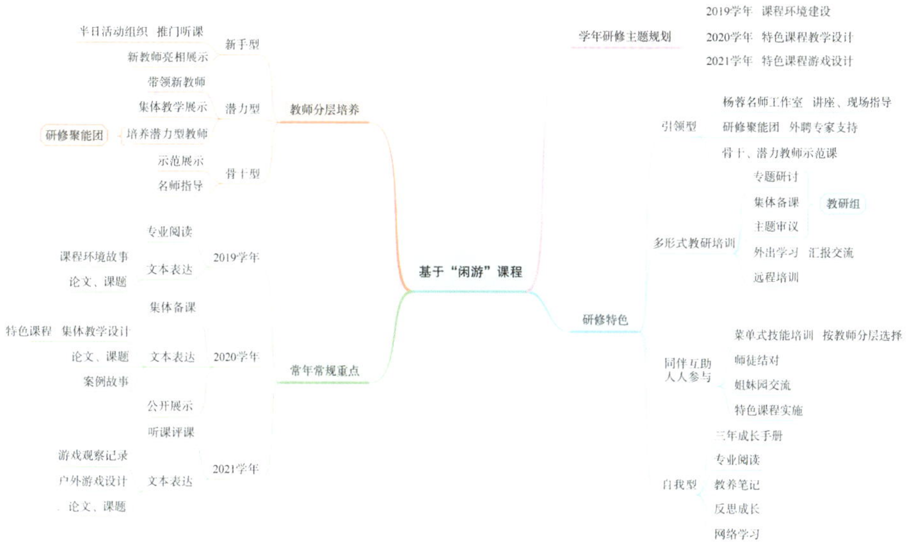

图 6-4 “闲游”课程研修规划行动路径图

我园确立以幼儿发展为本的理念，以身边的材料、环境为载体，让幼儿在各种体育游戏中得到多元智能的发展。我们践行“一园一体材，多种呈现”的体材总动员。通过成立名师工作室、研修聚能团、各教研组互助式理论学习等形式，为教师们开展各类活动提供了有力的保障。同时，借助教研组团队的力量，进行观摩、研讨、展示等活动，教师们通过一次次的观察解读，在幼儿游戏行为的指导策略上有了更深的认识。

（四）培训的背景

1. 名师资源的优势

接力名师，以浙江省特级教师杨蓉老师的名师工作室为平台，培养“教学有特长、课程有特色”的课改先进教师，促使教师骨干化、品牌化，能在本园教师队伍中起带头示范、经验辐射的作用。利用职高教师资源创建“教研工作室”（研修聚能团），进一步促进园所精英的成长，围绕项目在培训内容上帮助教师提升游戏观察能力。有了强有力的专家指导，不管是理论还是实践，老师参与活动的互动性提高了，在研究上也少走了很多弯路。

2. 园本课程开发的需要

学前教育阶段主张提倡幼儿活动的自主性。因此，我们幼儿园确立以幼儿发展为本的理念，让幼儿在学习各种体育运动技能的同时，得到多元智能的发展。幼儿园有六个园区，我们践行“一园一体材，多种呈现”的体材总动员。“一体材”即“一种体育器械”。“多种呈现”，即中心本部——“轮胎小天地”；和睦园区——“大显‘绳’通”；民丰园区——“快乐‘新’球”；里项园区——“‘筷’乐童年”；方家山园区——“球球总动员”；黄坡岭园区——“圈圈大联盟”。在中心园区课程中心开发小组的牵引下，各园区依据园所实际和教师现实需求，形成自己个性化的培训和主题课程开发方案。在课程的支撑下，各类游戏活动也随之逐渐丰富。《纲要》及《指南》对于幼儿的自主性游戏提出了更高的要求，大部分教师对于如何在游戏中有效地观察幼儿，观察点如何选择以及对幼儿游戏行为的分析仍存在着一定的问题和困惑。因此如何更好地支持幼儿游戏，成了我们特色课程下急需提升的能力之一。

3. 课程游戏化的需要

游戏是孩子们最直观、最喜欢的自我表达方式。课程游戏化能吸引幼儿专注地投入活动，激发和提升他们的兴趣，满足他们的需要，从而获取更多的新经验，让幼儿在玩中学，在学中玩。幼儿在游戏中表现出智力、语言、自我观念以及个性等多方面的差异，而教师则可以从游戏中观察到孩子多方面的差异，增加了解孩子的途径。通过观察幼儿在游戏中的行为表现，可以了解到幼儿的原有经验——如他们是如何组织并表达自己的经验的？幼儿最感兴趣的是什么？教师可以以这些为依据来设计更加符合幼儿需求的活动课程，提供更为适宜的活动环境和材料。课程游戏化适应了幼儿的心理需求，促进了幼儿的社会性发展。

4. 教师专业化的需要

在日新月异的现代社会，教师的专业发展也需要跟随时代的发展而不断更新。在学前教育发展与我园办园发展的大背景下，成为一名优秀的、创新性的教师是我们所有教师的目标，这是需要教师不断提升自身的教育教学等各方面的素养才能达到的。教师专业能力提升了，相应的教育教学也会提升，这是相辅相成的关系。在游戏指导中，我们只有通过创设良好的游戏环境，观察游戏，一次次解读孩子的游戏行为，才能更好地去帮助孩子进行自主性游戏，让孩子在游戏中得到成功的喜悦与满足感（图 6-5）。

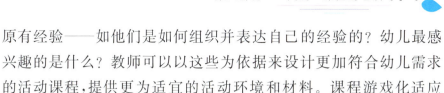

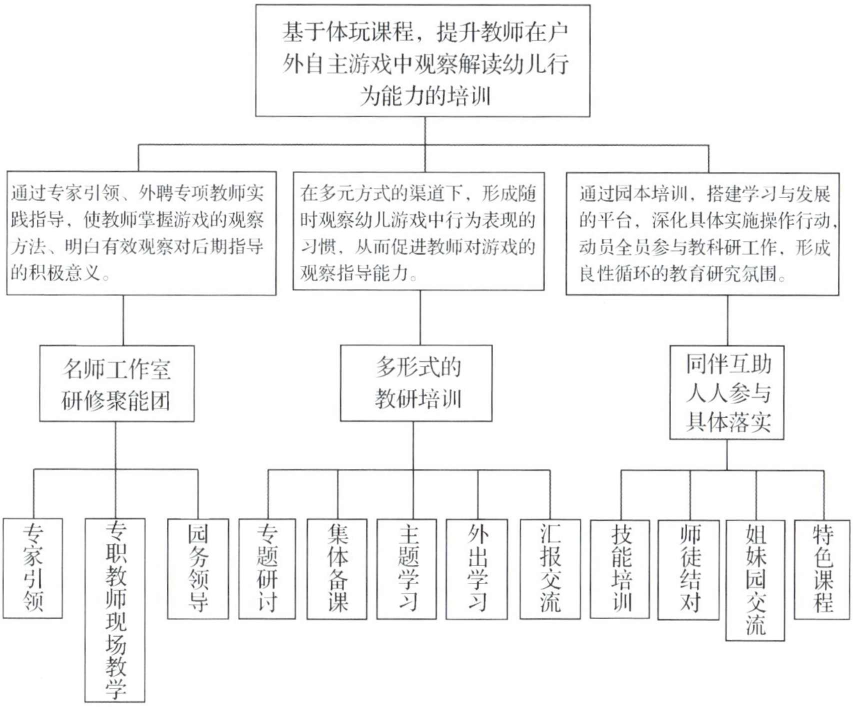

图 6-5　2019—2020 学年校本研修内容架构图

(五)培训的需求

每学期,我们会提前对全园教师进行新学期摸底调查(表6-1),使培训内容更贴近教师的实际需求。通过问卷调查了解教师的心理需求、急需解决的问题和困惑,在调研的基础上设计培训内容和培训策略。每位授课者均精心、细致地准备自己的讲义,结合幼儿园实际工作中的一些问题,改变以往陈旧的讲解式培训方式,采取互动的方式,根据教师在实际工作中遇到的问题,进行交流、探讨,最终解决实际问题,真正做到研中有培,培中有研。

表6-1 不同教龄教师的学习需求情况调查表

教龄	比例	学习需求
0～3年	35%	1. 关于教育理论转化为实践能力的知识
		2. 关于一日活动环节过渡的知识
		3. 保教相关知识
3～5年	30%	1. 教育教学活动设计策略与方法
		2. 幼儿游戏组织与评价的策略与方法
5～10年	20%	国内外先进教育理论
10年以上	15%	1. 园本教研的组织与评价
		2. 幼儿园科研

在培训活动中,我们既要求听课教师认真做好记录,也要求授课者为听课教师布置相应的作业,让教师做到学以致用,切身体验。如在培训中给大家布置了"利用游戏观察法,对幼儿进行五分钟的游戏观察"的任务,并让教师写出过程、评价及建议。教师通过培训,对观察法有了更深的理解,在做这个题目时,都给出了精彩的答案,有效地实现了知行合一的教研目的。这样的培训活动使教师在参与体验中学习,在愉快分享中学习,从而提高了培训的效率,增强了培训的实效性。

那怎样让培训满足教师个体发展需要呢?为此,教师们集思广益,想到了在自助餐厅吃饭的情景,自助餐厅饭菜种类多、费用便宜,参加聚餐的人都很满意。原因就在于"自助"使大家有了自

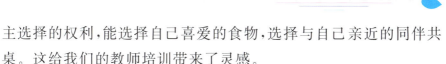

主选择的权利，能选择自己喜爱的食物，选择与自己亲近的同伴共桌。这给我们的教师培训带来了灵感。

1. 制订个人发展规划

明确教师各阶段的发展方向。每个教师都有自己的专业兴趣和特长，在对待教师发展和成长的问题上，要实事求是，根据每个教师的具体情况提出不同的要求，使每个教师都能在原有水平上得到提高。在调查分析的基础上引导教师科学、合理地确定自身的发展目标。教师结合自己的工作实践及努力方向，先提出自己的年度个人成长规划，再形成一份“教师三年自我发展规划表”，最终由教科室把关，根据每位教师的特点提出合理化的修改意见，拟出切实可行的发展规划。有了这份个人发展规划，教师就有了属于自己的发展方向和目标，园方在提供条件和支持时也能有的放矢、因人制宜。

2. 菜单式培训模式

管理者提供“培训菜单”，教师按自己的需求报名相应的培训与学习。这是建立在教师个体发展目标上的一种培训模式，有效提高了教师培训的层次性。

(1)培训需求征询

我们向全体教师发放了培训需求征询表，每人可以按自己需求的强烈程度列出培训内容。

(2)筛选培训内容

幼儿园对教师所需内容进行汇总和分析，具体列出哪些是合理的，哪些是欠妥的，哪些是现在就可以满足的，哪些是现在还不具备条件的。

(3)培训师自荐

经过认真分析、慎重筛选后，幼儿园公布了第一阶段“菜单培训”的内容。有的培训内容需要从外面聘请专家来担当培训讲师，但大部分培训内容可以利用幼儿园自己的教师资源。我们通过自荐的方式，发放意向培训项目申请书，由自荐教师填写培训项目、培训时间、优势说明、培训项目组织方案等。

(4)制订培训计划

自荐讲师将申请表提交幼儿园后，幼儿园研修智能团会对培训讲师进行资质考核与审议，并公示本阶段培训师名单，然后要求培训教师制订所申请项目的具体培训计划。

(5)分层管理机制

根据对不同层次教师专业发展需求的了解，结合“教师三年自我发展规划表”，幼儿园对每位教师的专业发展提出了不同的要求(图 6-6)。

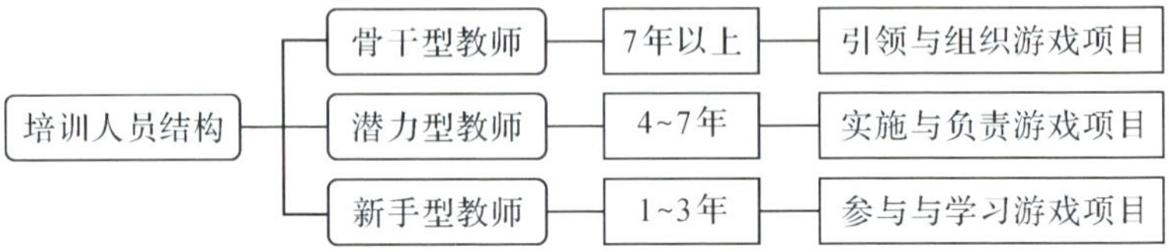

图 6-6　培训人员结构分层图

新手型教师的课程研究能力有限，他们最期望的是有系统专业培训和外出培训的机会，在日常工作中有老教师传、帮、带，并指导到位。潜力型教师则期望在工作中有展示自己的舞台，并能承担课程实施和负责的任务，逐步形成自己的教学风格。骨干型教师是我们课程的引领者，要帮助年轻教师找到适合自己的发展方向，充分发挥自己在专业上的引领作用。

对新手型教师，重点指导他们做好常规的笔头工作，带好半日活动，在日常工作中做好班级常规工作，使他们在教育教学活动中逐步做到“真实、自然、简单有效”。骨干教师经常听新教师的半日活动，对新教师在活动中表现突出的地方及时给予肯定，对其在与幼儿的互动中的某些不恰当行为及时进行制止并当面给予帮助、指导，可使新教师受益颇多。同时潜力型教师也经常为新教师开放教学活动、游戏活动。他们在活动中的随机应变能力、组织能力，与幼儿互动的水平，都给了新教师很好的启示，起到了言传身教的作用。

对潜力型教师，需有计划、有目的地引导他们向“区教坛新秀”

“岗位能手”方向努力，为他们组织各类活动搭建成长的平台，帮助他们逐渐形成个性化的教育教学特色。每位教师都能围绕课程，从不同的角度撰写课程故事、案例、论文。

对骨干型教师，要求他们做好独当一面的充分准备，随时在全新的工作岗位和环境中展现自己的风采。2020 年 9 月，董文娜老师代表骨干教师赴贵州支教。在为期一个月的支教活动中，董老师根据当地孩子的现状特点，利用特色材料，精心准备活动、教具，每天都和当地孩子一起生活、游戏，投入了大量精力和心血，积累了很多与以往不同的经验。支教回来后，董老师又将自己支教期间的感受、体会以讲座的形式和全园教师分享(图 6-7)。参与讲座的每位教师都仔细聆听，感动之处纷纷潸然泪下。对于董老师的分享，每位教师的触动都很大。

图 6-7　董文娜老师支教经验分享讲座

二、启动有方的学习

今天的活动能否使幼儿的已有经验和能力得到提升和拓展？在活动过程中投放的材料是否适宜？项目活动在课程中的价值与特点到底是什么？怎样选择适合的方式促进幼儿的有效学习？如何挖掘和有效利用各种课程资源？

这些问题常常盘旋在教师们的脑海里，困扰着大家，它们也一次次地出现在各种课程研讨、课程论坛和教研活动中。教师们在课程的探索实践中不断面临新的问题、新的挑战，因为没有问题就不会有解释问题和解决问题的思想、知识和方法。问题是挑战，更是生长新思想、新知识、新方法的种子。我们要关注问题，更要关注问题产生的原因及解决问题的策略，把问题看作是学习的动力、起点和贯穿学习过程的主线。

（一）问题带来的思考

问题启动人类的认知，许多科学发现的例子就是明证。事物的价值因人而异，在普通人看起来再平常不过的“苹果落地”现象，牛顿却独具思考，提出了“为什么苹果在熟透之后总是往地面方向落下来”的疑问，并进行不断地学习、思考，使其成为经典力学理论的认知起点。伟大的发现正是来源于不断地追问。

幼儿教师也是这样，每个人都会面临各种各样的问题和困惑。如刚工作的老师会提出“如何让幼儿在互动中积极配合”的问题，有经验的老师会提出诸如“在项目活动中班级三位老师如何发挥各自不同的作用，从而保证活动的有效开展”“如何充分发挥班级主题墙在主题实施前、实施中、实施后的教育价值”等问题，而管理者会提出“怎样建立具有开放性的管理机制激发教师的创造能力”等问题，资源老师则会提出“资源室的空间如何合理安排，才能方便教师和幼儿寻找到自己需要的材料”“资源收集后如何在课程中充分发挥它的价值”等问题。

面对这些问题，一方面教师个体应进行自我学习，另一方面也可以在教师团队中共同学习、研讨。通过学习可以发现幼儿发展中需要解决的真实问题；通过学习可以引发学习者之间的互动，产生新的知识，获得新的经验，从而成为幼儿园集体智慧，并得以不断辐射传播，发挥影响；通过学习可以保障新知识进入组织记忆，并在未来出现相似的问题时成为决策和行动的基础。最终，这些问题都能被逐步解决。

总之，教师应在工作中带着问题去实践、研究、学习，在积极的思考、探索过程中，把零星的知识变得系统有序，把原有的知识结构变得更为合理、完善。这提高了教师建构知识的能力，为今后的知识积累创造了有利的条件。可见，带着问题去学习，能促使教师更新教育观念，变革教学方式，改善教学行为，提高教育水平；带着问题去思考，能促使教师在反思中成熟、提升，在反思中发展自我、超越自我。

（二）课程核心小组

我们以教研组为单位，建立了多个核心小组。小组成员由经验丰富的教师和新教师共同组成，通过“实践—观察—反思—调整—实践”的方式来提高课程设计和实施能力，实现组员之间互助成长。

我们这里的“课程核心小组”，在活动或事件展开的过程中，大家共同参与研究，所有活动指向一个明确的、共同的目标——建构和完善“闲游”课程。它和个别学习是不同的，最大的特点是能带来教师之间有效的对话、智慧的交流、观点的碰撞。我们作为课程群体中的不同成员，学识、观念、经验和能力都是不同的，在理解和实施课程时就必然存在差异。要使每一个课程实施者都能真正理解课程内涵、充分掌握“闲游”课程的实施技术，就有必要进行团体的共同学习，从而澄清观念，统一思想，并在行动上坚决执行，使围绕课程开展的工作真正有效。

1. 课程核心小组学习的价值

①带来有效的对话，使不同教师得以交流多样性的经验。

②使原来感性的经验上升为教学智慧，能让教师更深入透彻地看问题。

③让教师意识到学习过程中自己存在的问题和不足。

2. 组建“草根专家”队伍，成立研修聚能团

课程组于 2018 年 9 月份成立研修聚能团，目前已聚集了一批“草根专家”从事培训活动。

培训队伍构成的基本原则是：

①年轻化，所选骨干教师都在 45 岁以下。

②既具有较丰富的教学经验，又有一定的教育理论储备。

③有较强的责任感和积极探索精神，愿意承担课程组交办的任务。

④乐意吸取新的教育理念，有终身学习的想法，乐意帮助别人。

为使小组成员尽快适应培训者的角色，我们采取了以下措施：

①提供更多外派活动和培训机会。

②请专家来园进行重点指导和专题引领。

③聚能团成员与带队核心小组保持密切联系，时刻关注小组成员的思想及学习动态，及时为小组成员提供锻炼机会和最新学习材料。

④组织教师说课、专题讨论、研讨课例。

⑤进行教师活动评比。

通过以上措施，促使骨干教师在较短时间内适应培训者的角色，胜任园内教师培训任务，成为名副其实的园内“土专家”。

3.“闲游”课程下培训展现的形式

幼儿园每学期都会结合教师学分情况，选派优秀的骨干教师参加市级、省级以上的培训活动，并让教师回园后在园内做学习汇报，以“点”带“面”，开阔教师的专业视野。分批组织教师参加课堂教学观摩比赛及研讨活动，让教师和先进的教育理论及实践保持着最频繁、最直接的零距离交流（图 6-8、图 6-9）。

图 6-8　到安溪幼儿园聆听学习

图 6-9 到鸬鸟幼儿园实地取经

课程核心小组也借助多彩的教育展示平台，让小组教师在反复的磨课实践中，不断学习、反思和调整，为教学走向高效搭桥铺路。

(1)“专家指导”模式

各园区在安排户外自主游戏时都会出现很多困惑和问题，这时我们就需要领路人指点迷津。于是我们特别邀请杨蓉专家来我园进行指导，成立名师工作室，开设每月一次的专家引领式“教研头脑风暴”(图 6-10、图 6-11)。作为闲林职高的附属幼儿园，我们与职高教科室结为联盟，成立“研修聚能团”，提升教师们的科研能力。我们还邀请了不同领域的专家、教授给教师们做各种培训，不但让老师们学到了丰富的知识，更让教师们不用走出园门就能开阔眼界，吸取养分。

图 6-10 杨蓉老师对我园课程园本化建设进行指导 1

图 6-11 杨蓉老师对我园课程园本化建设进行指导 2

(2)"现场观摩,即时反馈"模式

现场观摩与研讨有两个重要作用:一是经验的传递。每位教师在教育实践中都能反映出自己对教育教学的独特理解,尤其是对教学策略的运用和已形成的教学风格,通过现场观摩与研讨,教师们的有益经验得以传递,并获得分享智慧的快乐。二是问题的解决。针对课程实施过程中存在的核心问题,我们设计出相应的活动,开展观摩与研讨,并对观摩现场出现的具体的、重要的问题进行研讨,这些都有助于教师发现问题、解决问题和积累经验。

现场观摩与研讨可以按这样的模式进行:讨论活动思路→观摩教学实践→自我评述→集体研讨→形成改进方案→重返教学现场→汇报实践经验→分享教育智慧。观摩前由执教教师陈述自己的活动设计思路,然后大家进行第一次研讨,通过研讨明晰活动的核心目标、活动内容及主要实施策略,有时也可以有针对性地设计表格供观摩者在现场进行观察、记录。

(3)专题研讨模式

在课程开展过程中,许多教师对幼儿角色游戏的组织是茫然的,对各年龄层次幼儿的游戏活动发展水平的了解是不深入的,导致在活动组织中对幼儿放任自流,教师没有针对这些问题的策略及提升幼儿经验的方法。因此,我们发挥园内资深教师、专长教师的优势,开展专题性研讨。

(4)小组讨论模式

我们采用车轮式教师分组讨论模式,围绕既定的问题展开讨论,寻求一个较为明确的答案,再进行小组间车轮滚动式交流,让每位教师都参与其中,为教师提供更多主动表达观点的机会(图 6-12、图 6-13)。如我们分年龄段讨论"'闲游'课程目标",再将讨论的结果在全园内进行交流。教师们围绕一个话题展开交谈,每个人都参与其中,各抒己见。在对话的过程中,任何一方都可跟随他人话题作进一步地深入或延伸,这样,教师可以在一种活泼而宽松的氛围中进行学习。

图 6-12 教研活动氛围浓厚 1

图 6-13 教研活动氛围浓厚 2

在课程不断推进和发展的过程中,我们也常会遇到一些令人困惑的"常规问题",这些问题往往是阻碍活动进程的因素。例如,在刚刚开展项目活动的那段时期,大家发现幼儿的思维活跃了,动手能力增强了,合作意识也提高了,可是,幼儿"坐不住"现象也增多了。各年龄段的教师都会提出"班上比较吵,孩子比较随性,教师应该怎么办""究竟问题出在哪里,原因是什么"等问题。为此,大家梳理出这样一个共同问题:"幼儿的不守规则是否都是无益的?"全体教师都参与了讨论。

多数教师认为,当幼儿的自控力差,影响其他人活动时,这样的乱是无益的;而当幼儿在教师引导之下,围绕某话题,共同讨论时而引起的争论,这样的随性而为是可以允许的。产生"坐不住"的现象,是否都是幼儿的问题呢?有的教师提出,如果幼儿出现不守规则的情况,那么教师应先反思自己、反思活动,比如:在活动中是否控制好了自己的行为?情绪是否处于稳定的状态?组织策略是否得当?是否忽略了个别幼儿而使得他们控制不住自己?幼儿是否过长时间处于一种单一的活动方式中?班级几位教师的常规要求是否协调一致?……

这样,在讨论中,大家用"如果……那么……"的思维方式进行了交流与分析,形成了以下策略:

如果在一日活动过程中常常出现幼儿"坐不住"的情况,那么教师的活动内容应动静交替,活动场地应室内外相结合,让幼儿释放自己,在活动中有适宜的事可做,同时教师应在细节上加以引导,如示范称赞"某某小朋友表现很好",或者有些教师会故作神秘地对某位幼儿说悄悄话，以转移其他幼儿的注意力；幼儿如果在玩户外游戏时比较吵闹，那么教师可以让幼儿相对分散开来，或为幼儿提供充足的游戏材料等，让幼儿安静下来。面对一个班级的孩子，首先要帮助幼儿建立良好的秩序，如让幼儿参与计划，共同制定班级公约，并进行良好的常规训练，以形成约定的规则。

通过汇集所有教师的智慧，我们的问题得以解决，同时也让新教师直接吸收"营养"，获得一条有效工作的"捷径"，避免在教育方式上走弯路，这也是一种有效学习的方法。

(5)"师徒帮带"模式

由于近几年幼儿园每年都以10个以上班级扩大规模，年轻教师的比例越来越大，队伍非常年轻。年轻的队伍有活力、有冲劲，但是年轻教师缺乏教学经验。因此我们签订师徒结对协议，用一学年的时间让他们按照协议要求开展活动，学年期末进行验收，全面考察"师带徒"活动实施情况（图6-14、图6-15）。

图6-14　新教师试讲活动

图6-15　新教师亮相课活动

我园开展的“师带徒”活动中的每个徒弟，要在每学年进行一次徒弟亮相课，向幼儿园汇报展示一学年“师带徒”活动的成效。教师在教研组内反复磨课后参与展示，这既是对新教师的一次有质量的磨炼，又是对整个教研组教师的一次课例培训，一举两得。师傅在对年轻教师进行指导和帮助的过程中，自己也可以从年轻人的新想法中受益，更新自己的教学观念。除师带徒外，我们每学期都要指导闲林职高的学前专业学生进行不定期实习，这也是考验我们教师专业素养是否过硬的时刻。

(6)“微格教学”模式

采用摄录系统全面记录教师在某段时间内教育行为过程的全部细节，然后由教育专家和培训教师一起边看录像边分析，找出问题，分析原因，讨论改进方案，之后教师再实践，再进行实录与再分析，直到行为调整、改进为止。这一培训模式调动了教师的视觉、听觉，直观，针对性强，反馈及时。实践表明，这对转变教师教育行为、提高教育能力相当有效。案例研究以及利用案例研究培训，也可利用微格观察模式。教师平常从案例研究入手，能更快地找到研究的切入点。研究的起点低，教师也更能体会到研究的成果和价值。在每次集中培训时，我们均会安排案例游戏视频观摩，大部分都是本园教师的研究案例视频。

(7)开放展示模式

我们除了给教师提供各种展示平台外，还利用闲林职高的教育资源，开展“中职融通”项目，让教师走出幼儿园，进入职高对学生进行活动展示和辅导，和职高进行资源共享共推，为教师提供基本功展示、优质课展示等平台。同时还利用余杭区教师培训基地做示范教学展示和讲座。不仅如此，我们还多次接待同行或去往结对园进行展示课及讲座活动，另有部分教师前往台江县幼儿园举办讲座和送教。

每学期期末各教研组都会进行成果汇报交流展示活动，与其他组的教师分享本组的主题研训阶段性收获(图 6-16、图 6-17)。此举扩宽了教师的思维广度，使其知晓教育不是“照猫画虎”，而是秉持概括化知识的"创生"。任何培训,如果仅仅流于学理的单纯介绍,则会影响参训者的学习主动性,反过来,如果仅仅涉及操作程序,则会让参训者"知其然"而"不知其所以然"。因此,一个实效性强的培训,必须将学理与实践有机联系,融为一个整体,既给学员"鱼",又授予"捕鱼之法"。如果一个人要真正改变自己的行为,一定需要将观念渗入自己的头脑,一定要在行为上进行反复操练。

图 6-16　特色教学示范展示活动 1

图 6-17　特色教学示范展示活动 2

4. 车轮式核心小组分享

我们采用"车轮式"核心小组的形式分享课程主题内容。所谓"车轮式"分享就是指将最终的课程内容以滚动的形式在核心小组中进行分享,提高实施的效率。

我园坚持以园为本,学、研、训一体的培训模式,极大地调动了教师们的研究热情,促进了教师队伍的迅速成长。同时,注重幼儿的参与性;重点进行户外自主游戏的观察,适当、有效地指导;等等。在这个过程中收获颇多,如实现了材料的多元化,优化了户外游戏环境。当然教师们也有困惑,比如:如何让不同年龄段的幼儿在同一种游戏中获得不同层次的体验?如何把游戏中好的经验分享给孩子们?核心小组在活动后将这些困惑进行整理,并根据困惑找到相应的理论依据打印成册发给教师以供参考。在这样一个互动的平台上,通过对话,教师接收了新的教育观念并使之与自己的实践经验相结合,从而实现了教育教学理性的提升。后面的历程还需要我们在每一次的行动、每一次的反思再行动中深入体验教师的专业成长。

※典型培训案例※

沙龙式小组研讨:有效助推班级环境创设的实施

一、课程深入缘起

关于“足球特色周”,我们大班幼儿已经有了一年的前期经验。教师在创建特色环境时,多数教师还是从教师层面和视角出发。幼儿与环境是相互作用的,但在目前的做法中,孩子们似乎没有感同身受。在班级环境创设中如何将特色课程环境融入进去,这是值得我们思考,也是我们迫切需要解决的问题。那如何支持幼儿有效地参与到环境创设呢?我们开始了以段为单位的小组式抱团研修。

(一)确定班级环境方向

经过我们中心7个大班互赏、互评观摩后,老师们都觉得幼儿参与痕迹较少,有些内容对于幼儿的发展并无作用。为有效提升班级幼儿与环境的互动,我们认为必须以儿童视角为中心,让幼儿成为环境真正的主人。我们决定围绕足球特色课程开展一次课程故事渗入环境的实施探索。

(二)预设班级环境架构

在班级环境预设的过程中,为了能让孩子更好、更快地投入活动中,我们从主题墙作品栏、连廊运动区以及班级各区域入手,预设了班级环境架构图(图6-18)。

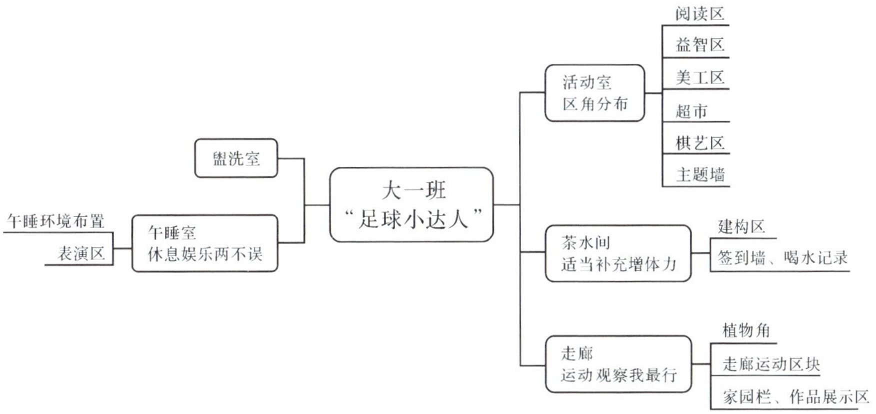

图6-18 班级环境预设架构图

(三)问题的产生

环境架构很快遇到了以下问题:

1. 自主权的丧失,环境推进举步维艰

因为活动的内容、规则、玩法等都是由教师主导确定的,无法很好地抓住孩子的兴趣和需求点,因此,活动中孩子们的参与度和认可度都较低,对活动的兴趣也就不高。比如我们平日开展的足球拓展活动,过多地关注对足球技能的练习,渐渐地孩子们的玩球兴致就会减退。

2. 学习浅层化,缺乏深度环境

在班级创设的环境中,孩子们只把自己定位为"旁观者",环境创设更多停留在教师做主的层面上,没有深入,更不用说让幼儿去与环境互动。

二、环境发展进行时

深刻反思过后,我们意识到真正有效的环境,不全是教师创设的,我们应该尊重幼儿的自主性,支持幼儿动手动脑,尝试探索。于是第二次大调整应运而生。

(一)不破不立:幼儿决定删减和保留

优化班级环境,我们从做"减法"开始。我们罗列了近段时间有关足球的特色活动,让小朋友们说一说这些活动如果放到区角,我们可以怎么玩。不得不说,只要给孩子们讨论的机会,他们会有很多新奇的点子。在一番讨论后,我们淘汰了一些很难投入相关材料进行活动的布置方案。

(二)破而后立:幼儿创设与调整

有减必有增,我们的"加法"开始啦!孩子们在老师的引导下,脑洞大开,积极地思考可以创设的环境。下面以阅读区的创设缘起、创设初期、创设推进为例,和大家分享一下我们围绕"足球"展开的阅读故事。

· 创设缘起

"小足球大世界"主题活动下有个语言活动"足球不见了",因教学需要,我绘制了几张简单的故事内容挂图,活动后我将自制的挂图简单地装饰在阅读区,令我没想到的是,在区域活动中竟然收获了很多在教学活动中无法生成的知识点。

创设初期

片段一：我是小老师

珊珊手指着阅读区的故事挂图说：“这个画不是老师上次给我们讲的故事吗？”

航航：“好像是的，你还记得老师是怎么讲的吗？”

琪琪说：“我知道，我来给你们讲吧，可是要我来当小老师，你们当小朋友，我才讲。”

创设推进

片段二：我是小小创作家

小老师游戏结束后，出现了新问题：到底是谁最后捡到了足球呢？幼儿们争执不断，有的说是小兔，有的说是袋鼠，也有的说是其他小动物，大家各说各的。此时我在一旁介入引导说：“足球圆圆的，一会儿滚到这儿，一会儿滚到那儿，可调皮了。我有个好办法，我们可以把自己想的画下来，然后一起再来说说这个足球到底有多调皮。”孩子们听后马上走到边上的美工区进行绘画创作（图 6-19），画完后我们将幼儿的作品装订成册，投放在了阅读区供幼儿们看一看、说一说。

图 6-19 “谁捡到了足球”绘画作品

解读:区域活动是一种以幼儿为主体,以教师指导、支持为辅的活动。在区域活动中,我们会发现幼儿的已有经验、能力、兴趣及性格各有不同,他们会表现出不同的兴趣点。无论是什么游戏活动,孩子们之间都存在着明显的个体差异,设置自由、开放的区域活动可以促进每位幼儿综合素质的提高。我们将日常未完成的教学内容、幼儿感兴趣的教学活动放在区域活动中继续进行,满足幼儿的活动欲望,帮助他们巩固掌握相关的知识经验。

大班幼儿喜欢听故事,并喜欢给同伴讲故事,但部分幼儿在讲述故事时语言不够连贯,语调太平淡。在看图讲述方面,幼儿基本能够讲述图片上的内容,但缺少了对角色对话和角色心情的想象。教师要引导幼儿用连贯的语言,结合图片内容讲述出图片中的故事,巩固所学知识,提高语言表达能力。

区域活动具有自发性、相容性等特点,案例中很好地表现出了这两个特点。我们将性质相似的区域设置在相邻的位置,使幼儿能够产生互动行为,从而获得更多的巩固和提升。

(三)教师支持与跟进

当然,班级环境创设探索的过程并非像"足球不见了"活动一样一帆风顺。随着环境创设的深入,会有这样那样的问题涌现出来。但是,受孩子们的启发后,我们选择把问题抛还给孩子,让他们自己想方设法去解决,教师只需要留心观察孩子的需求,适时生成一些支持性的活动即可。

(四)追踪跟进,二次调整

在推进环境创设的同时,足球作为我们校园文化的一部分,我们也关注着孩子足球技能的发展。在足球拓展活动中,我们发现越来越多的孩子在颠球、侧身拖拉、扑地滚球、掷界外球等方面有了很大的进步。我们便和孩子们讨论把他们在活动中的突出表现呈现在走廊环境中,一方面提高幼儿的积极性,另一方面幼儿可以利用饭后的空余时间去发现哪些地方可以继续改进、提高。

三、环境创设反思

班级环境创设过程，不仅孩子们在成长，我们老师在孩子们的影响下也有了一定的专业成长。

（一）尊重幼儿，归还环境自主权

在班级环境创设起初，教师的指导行为出现了偏差。为了使课程真正融入孩子们的学习环境，我们在很多地方按照自己的意愿和想法给孩子们提供了较为粗浅的环境，很多时候都是为了布置而布置。在后续的推进过程中，教师主张将自主权归还给孩子，让孩子们去设计、实践、探索、推进。孩子们的表现令我们对自主权有了更深层的认识，也让教师明白，真正的好，是将自主选择权归还给孩子，让他们有不断尝试和进步的机会。

（二）有效生成，支持环境策略

环境创设和生成活动是相互促进、相互作用的。只要我们留心观察就会发现，环境创设中潜藏着很多学习的机会。抓住机会展开支持性的生成活动，帮助孩子掌握新经验，而后，孩子又能将获得的经验重新运用到学习中，展开更加深入的学习。也就是说，教师要将生成活动和环境创设有机地结合在一起，两者相互作用更能促进幼儿全面、主动、有效的发展。

随着“闲游”课程开发的不断深入，教师的成长成了园所最关注的问题。案例分析不约而同地成为许多幼儿园采用的培训形式，也成为教师成长的一个重要渠道。围绕课程实施，教研组进行了一次又一次的研讨，有效助推了教师的专业成长。我园每学年结合“闲游”课程确立一个研训主题。我们在大教研组内进行园本主题交流，并研讨整一学年的组内研讨计划；我们从交流本学期班内创设游戏的内容与计划开始，逐步深入，一层层从理论到实践，再加上专家的添料；我们从观察解读入手，慢慢撰写游戏案例，学会剖析幼儿的游戏行为，探讨出解决策略，再发展到后续的案例评比与精彩案例交流，让教师在参训时有缓冲内化的过程，有逐渐提升能力的机会。我们不追求一口气吃成胖子，而是从根本的创设游戏入手，再到解读，到写，让研训扎实有效地开展。

三、研之有用的学习

在"闲游"课程中，我们的工作是非常丰富且开放的。我们要面对不同的幼儿、不同的学习内容以及各种变化着的活动，需要充足的知识、丰富的经验、灵活应变的策略、合作与沟通的能力，才能让工作更加有效而生动，并贯穿于课程开发与实施的始终。在工作开始前我们做了充分的准备，在课程实施中我们能运用科学方法和技术发现问题、探究问题、解决问题，形成一定的工作"经验"，同时能在其他过程中得到验证、应用，并在一段时间内，让这种"经验"成为大家的一种共识，让工作效率和效果更好地接近预期目标。这不仅促进了教师个体的发展，还能使幼儿、家长和其他教师都有所收获。我们认为这样的工作才是积极、有效的工作。因此，我们仍需要不断地在各种场合和变化中有意识地进行学习，只有通过学习，才能更好地获得信息、丰富理念、积累经验，达到有效工作的状态。

无论做什么工作，都要给自己提出目标和要求，做好准备。在课程开发中，做一件事情或开展一项工作之前，我们都要求教师自己提前学习，做好充分准备。如有效地充实理论知识、梳理工作程序、丰富行动策略等，这种准备性的学习还包括课程实施前对理论知识和技能的掌握。

1. 理论知识的学习

自学一直是我园提倡教师坚持的一个良好习惯。课程开发前，我们组织全体教师自己阅读《学前儿童健康学习与发展核心经验》，深入了解《指南》背景下健康领域的核心经验及相关健康课程。在开展一些专题讨论之前，我们也需要拥有思想和理论的基础，我们通过书籍、网络了解相关的信息，看看专家、同行是怎样看待这个问题的，了解关于这个问题已有的观点、理念。这样，能使我们的讨论在一定的高度上展开，使讨论的过程更加有效，使将要形成的共识更有深度。同时，讨论过程中的观点碰撞及形成的共识也深化了我们对理论的理解。在开展“闲游”活动前，我们既向自己提问，又向合作伙伴提出关于活动的相关问题。如在“好玩的轮胎”主题中，我们提出“轮胎为什么会滚动”等问题。面对这些有可能在活动中出现和应用的知识，我们提前通过书籍、网络等途径查找相关的信息，并集中分享。这些收集到的信息有可能显示在主题墙上，有可能出现在回答幼儿的提问中，也有可能隐藏在我们和幼儿共同的活动中。

课程开发中我们开展了主题为“立足特色，深入课程”的专题读书活动。我们订购了《幼儿园园本课程设计与指导》《以游戏为中心的幼儿园课程》《开放性课程在行动》《幼儿园四季健康体育园本课程》等书籍，以提升教师们的专业素养，不断更新教师们的教育理念，以便让教师们更深入地理解什么是课程开发，进一步促进教师的专业化成长，从而优化每一次的活动设计。

2. 专业技能的学习

我们要向合作伙伴学习教育活动中可能需要的技能。如在“小足球大发现”主题中，玩足球前，教师要提前向专业人员请教踢球、运球的方法和技术，自己先玩一玩、踢一踢、想一想，再寻求一种最适合幼儿的方法。这样，在活动之前，我们已经学会了相应的技能，为“小足球大发现”主题活动的开展做好了充分的准备，也拥有了更多的话语权。

3. 组团学习

(1)现场观摩

这是教师最直接、最有效的一种学习方式，通过某一特定的教学现场——主题中的系统活动、项目活动或领域活动等，参与者运用原有经验进行观察和记录，从中获取直接有效的信息，来提高自己的教学水平。在观摩中,观摩者采用多种方式记录教与学的过程,根据核心话题有针对性地学习。有时观摩者也会被分成若干小组,结合教师的自我评述再次研讨。同时根据现场幼儿的表现与经验习得形成改进方案。这些宝贵的交流成果再通过业务学习和简报、通讯、手册等方式被及时地分享给全园教师。

(2)多次剖析

在教师本人学习、思考、实践的基础上,由幼儿园组织专家或有经验的教师共同观摩其教育教学、师生互动过程,进行评析、反馈,然后再实践、再反馈,形成一个"学习—思考—实践—评析(自我+他人)—再实践—再评析"的过程。这是一个不断自我剖析,同时把他人评析进行内化,调整教育实践的过程。它的即时性使教师的教育观念、教育行为能得到及时有效的反馈和调整,对提高教师的实际能力具有极为突出与明显的效果。

(3)参与式培训

针对教师较为薄弱的方面在现场进行有针对性的培训,给予教师最直观的感受,提高教师的整体素质。如,开展如何理解新《纲要》,如何有效观察,如何评价幼儿等参与式培训,帮助教师不断明晰理念,学习具体的操作方法。教师再将培训所得落实到日常教育教学活动中,就可以不断改进教育教学的方法和技巧。

(4)家园、社区学习

家长和教师对同一个问题的看法有可能是不太一致的。在课程实施中,我们需要和家长共同学习,达成共识,以促进幼儿的发展。特别是幼儿刚入园时,我们和家长共同交流了家庭和幼儿园教育、集体和个别教育的不同,帮助家长建立科学的育儿观。当班级中出现特殊的事件时,我们和家长一起了解和分析事情出现的原因和背景,共同寻找解决问题的策略。在进行幼小衔接工作时,幼儿园教师、家长和小学教师通力合作,提前帮助幼儿了解小学的学习和生活,帮助幼儿养成良好的学习习惯和生活习惯,同时纠正一些不正确的习惯性做法。

4.课程实施专题学习

2019年11月，我园的“闲游”课程在余杭区进行展示(图6-20)，会后我们就“疑难问题解决”进行了专题研训。在课程开发和实施的整个过程中，我们常常会在一段时间内出现这样一些情况：大家对某一问题产生疑惑，有不同的理解，甚至处于思维混沌状态，比如对理论理解的问题，在实践中幼儿行为所带来的问题，与家长合作的问题，班级之间相互干扰的问题，资源不足的问题，等等。

出现的问题种类很多，但是我们认为问题的解决，要以学习为前提。对不同的问题，学习的内容、方式是不一样的，解决问题的方法也是不一样的。在解决问题前大家必须先寻找相关理论，理论联系实际，再通过学习来解决问题。利用这一契机，我们针对专题性学习进行了反思研究。

图6-20 “闲游”课程区级展示与研讨

(1)专题性讲座学习

学校邀请教研室的有关专家以及外园的教学名师等专家教师进行主题报告和专题讲座，教师们听完讲座后进行反思归纳(图6-21)。在讲座前，教师提前收集了平时在幼儿游戏中出现的困惑，如“如何观察记录”“什么时机介入指导”“各年龄阶段的幼儿应投放什么层次的材料”等，在讲座时向专家们请教。在一问一答的过程中，专家们不仅分析了教师的认知水平、认知误区，而且将有关理论方面的知识深入浅出地向教师们进行阐明。从教师们现场默默记录、静静聆听、踊跃发言中，可以看出教师对汲取专业知识的渴望，专业研讨作为教师成长的平台，起到了事半功倍的效果。

图 6-21 “闲游”课程区级现场教研展示

(2)专题性论坛

教师围绕一个共同话题，从个人角度发表自己对该话题的理解和体会，如通过论坛“我眼中的‘闲游’课程”，大家交流各自的理解。再如，在“我的问题、我的经验”专题活动中，我们先向教师发放关于教育实践中的困惑——《“我的问题”调查表》，收集大家的问题，再将问题进行分类，根据教师相对集中的问题，如“如何进行有效的班级主题生成”“活动中如何创设‘闲游’情境”等进行讨论，集多方智慧，寻求解决问题的办法。

(3)专题性读书报告会

同一本书，不同经历的人阅读，其感受、体会和收获是不同的。读书报告给教师交流阅读心得提供了一个平台。教师在阅读过程中随时记录下自己的感受和启发，如书中好的方案，可用于解决现实教育教学实践问题的方法，或是围绕原书中某观点所引发的思考。教师在读书会上交流自己的阅读感受，表达自己的想法，倾听他人的意见，智慧的火花激情碰撞，个人的体会变成集体的智慧，阅读价值得到了提升，也进一步加深了他们对课程的理解，以利于更好地实施课程。

在项目活动中，幼儿是主动参与活动的，因此，一方面教师应主动考虑组合的结构等问题，保障幼儿有效、主动地参与活动；另一方面，在主题活动前的思考过程中，教师要对活动内容进行价值筛选，为幼儿选择有价值的活动内容。

四、提升有思的学习

（一）教师的反思性成长

有效反思不仅有利于教学工作，对教师的发展也具有非常重要的意义。在教学过程中，教师所面对的是具有不同特点、不同能力、不同兴趣爱好和不同需要的幼儿。如何针对幼儿的具体情况进行具体的教学是教师首先需要反思的问题。幼儿之间到底有哪些差异？教学应该怎样满足这些差异？这些问题的提出，要求教师具有反思能力。教学过程本身具有不确定性，教师很难在准备课程时将所有的问题都预测到，所以在教学过程中，教师需要根据现场情况准确、及时地做出反应。这些都需要教师在教学活动结束后进行认真的反思。

1. 强化自己的专业知识和技能

自我评价、反思、实践，不断修正，这样可使教学经验理论化。教师重新衡量自身的专业素质，产生主动学习、提高的愿望和动力。

小班“布团画画”活动反思记录

在小班“布团画画”活动课上，轩逸、拉拉、贝贝三位小朋友一开始就选择了在美工区活动。轩逸前些天请假没有参与“足球的新衣服”集体教学活动。他学着拉拉和贝贝的印画方法用积木蘸了颜料，一次一次地操作着。当我去各个区观察完再回到美工区时,原先装饰得好好的足球上变成了一片片、一团团的颜色。玩着玩着怎么就捣乱了呢?我的第一反应是他们的行为违反了活动的规则。可是转念又想:他们为什么要这样做呢?这样的行为真的违背了印画这个游戏的价值了吗?我想听听他们的想法。我拿出空白的足球轮廓图说:"还有些足球要穿新衣服呢?看谁帮它穿的衣服颜色、图案最漂亮。"我的话引发了他们重新去探索更适宜的装饰方法的兴趣,还达成了有效地把幼儿的活动再次引回到有意义的轨道上的目的,成功地使活动有了新的发展。我的行为给幼儿提供了支持,同时激发了幼儿有意识的创造行为。

思考:区域活动中教师既不能严控、干预,也不能放任,要注重观察幼儿的活动过程,正确看待出现的新异行为。《纲要》中明确指出,教师在教育过程中"应成为幼儿学习活动的支持者、合作者、引导者"。教师要站在幼儿需要和发展的角度去思考和分析,发现幼儿新异行为中的价值,以友好、平等、合作的态度适时地给予幼儿恰当的启发、引导和激励,让幼儿有更多的机会自己去探索、发现,使其参与活动的积极性更高,得到更多发展。

2. 通过观察记录进行深入的思考

对幼儿而言,一日生活皆课程。幼儿教师的工作由琐碎的小事情堆积而成,日复一日。但是,若光有经验而不思考此行为所带来的意义和启示,单凭自己领悟,则同样的错误会一再发生,无助于教师的成长。对幼儿教师而言,通过写观察记录与分析,对经验进行深入的思考和检讨是一种促进专业成长的有效方式。

反思是教师自我学习、自我提高的必经之路。我们要求教师经常对自己组织的活动进行回顾、分析和审视,形成自我反思的意识和自我监控的能力,不断丰富自我素养,从而提升自我发展能力。

(二)我们的收获

1. 球球缤纷乐,快乐伴成长

民丰园区开展"畅玩'闲游'——球球大作战"游戏课程已经三

年了,我们以篮球为主,结合多种常见球类,积极创新趣味球类游戏和活动,以低结构材料为载体,充分挖掘五大领域的教学内容,促进幼儿在“球球大作战”游戏课程下的全面发展。

通过组织“球类亲子运动会”“球球大作战游戏节”“家长开放日”“爸爸助教团”等活动,家园紧密合作,推广球类游戏课程,深入挖掘教育资源和契机,努力为每一位孩子提供更多在玩中学的机会及多方面展现自我的平台,全面培养他们自信、阳光的学习品质。

2. 圈圈大联盟

黄坡岭园区开展了“圈圈大联盟”特色课程(图 6-22),在幼儿了解圈圈相关运动的基础上,通过圈圈这个器械载体,从幼儿对圈圈的兴趣、圈圈技能与身体素质、运动规则意识等方面开展幼儿园在“玩圈”方面的探索与研究,进而辐射其他领域。

图 6-22 圈圈大联盟

3. 球球大联盟

钱家岭园区的“球球大联盟”(图 6-23),从小班玩球到大班的探秘星球,展开了一系列活动。从最开始小班的纸球、海洋球到中班的拍球运动,再到大班各种球类运动和一些创新玩法,涉及范围广泛。但是在球类家族里,远不止我们看到和掌握的这些球,大到星球，小到我们生活中常见的清洁球，这些都被称为球的家伙有哪些共同点呢？这是我们这个"球球大联盟"想要带给孩子们的一些启发，让孩子们的思维能够更加开阔，从而看到不一样的世界。

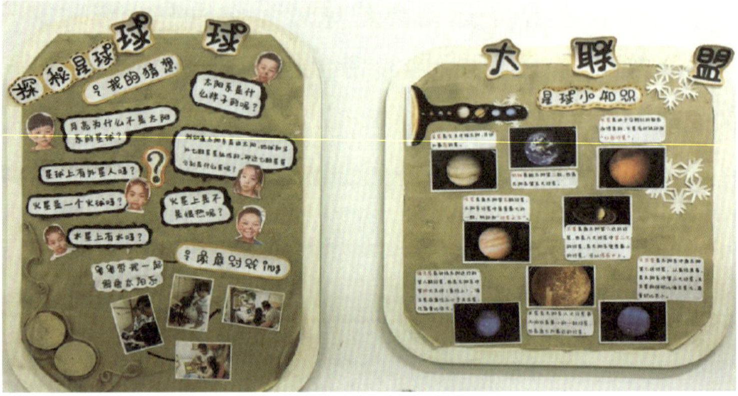

图 6-23　球球大联盟

4."筷"乐游戏

里项园区把每周五作为园本课程日，把课程融到各种活动中：有大带小混龄式"筷"乐晨玩，有混龄"筷"乐早操，也有"筷"乐集体活动，还布置有"筷"乐区域(图 6-24、图 6-25)。

图 6-24　"筷"乐晨玩

图 6-25　"筷"乐区域

5.特色表演区

方家山园区开辟了户外特色表演区，开设流星球馆，建构了"滚灯剧院"，将滚灯游戏以园本自主游戏的形式挖掘和呈现了出来，作为幼儿们身心成长的优质素材，生成了一系列别开生面的主题活动。在自由活动时间(活动间隙、午餐后等)还开展玩陀螺、帮帮线、石头剪刀布、挑花绳、轮滑(图 6-26)等运动为园区特色体育活动。

图 6-26 轮滑

6. 绳子世界

因为园区户外活动场地狭小,不适合开展大型器械活动,和睦园区围绕“闲游”的园本课程,结合幼儿的年龄特点和生活经验,选择以“绳”为主要载体的轻器械开展园本课程探究(图 6-27)。绳是幼儿园中常见的材料之一,它有轻便、可塑性强等特点,贴近幼儿的生活。

图 6-27 绳子世界

每一次的研讨、每一次活动的实施与反思以及再行动,都要求教师们能够在观察实践中获取新的教育契机,把握适合幼儿的动向。在历时两年半的研修中,教师们各类获奖颇多。

丰富的活动带来了成就感,极大地调动了教师们的研究热情,促进了教师队伍的迅速成长。同时,我们注重幼儿的参与性,重点进行户外自主游戏的观察,适当、有效地进行指导,收获也颇多,如:实现材料的多元化、优化户外游戏环境等。当然在这个过程中我们也有困惑,比如:如何让不同年龄段的幼儿在同一种游戏中获得不同层次的体验?如何把游戏中好的经验分享给更多的孩子?后面我们还需要在每一次的行动、每一次的反思再行动中,去完成教师专业成长的历练。

总之,工作和生活中,学习的机会无处不在,会议、培训、参观、阅读、聊天、看电视,随时都会闪现教育的智慧,这些都能让我们吸收到"营养",这些"营养"为课程的实施和主题的开展提供着丰富的"大餐",而作为这些营养的吸收者——教师,我们要做的不仅是吸收,更要学会不断反思,不断进行"消化",让外来的营养真正为我们所吸纳,内化为一种力量,蕴含在课程的实施中,使工作真正富有实效。

(三)完善奖励评价体制

首先,要用赏识的眼光去看待每一位教师,善于发现每一位教师的长处和闪光点,不断激励教师成长,让教师体验成长的快乐,获得自我实现的成就感。

其次,对教师的评价要体现因人而异的原则,不能用一把尺子来衡量所有教师。只要教师在其原有水平上有所进步,就及时给予肯定,使教师能时常体验成功的喜悦。

幼儿园根据不同层次教师的发展需要,探索了园本化的教师考核机制。如在教师常规月工作考评中实行亮点加分制,即将考核评分分为基础部分和加分部分,对接受计划外任务、取得显著成绩的实行加分;再如,针对不同层次教师的发展目标、要求,制订不同的考核细则,教师通过考核能获得相应的称号。

再次，设立各种奖励津贴，如优秀评比活动津贴、各类先进奖励津贴、科研奖励津贴等，对教师所取得的成绩进行奖励，激励他们向更高、更远的目标奋进。幼儿园的核心竞争力是教师，是不断发展和创新的园所文化。在这样一个瞬息万变、迅猛发展的信息时代，作为幼儿启蒙发展的幼儿教师，应该重新审视、定位自己的角色，做到学习者、研究者与教育者三位一体。

我们把今天作为一个新的起点，一个崭新的开始，在幼儿园课程建设的过程中我们将不断向前，不断促进教师的学习与发展。与此同时，随着教师队伍的不断发展，我们会推动幼儿园课程建设迈上更高的台阶。

参考文献

[1]陈杰琦，艾斯贝格，克瑞克维斯基. 多元智能理论与儿童学习活动[M]. 何敏，李季湄，译. 北京：北京师范大学出版社，2002.

[2]陈向明. 在参与中学习与行动：参与式方法培训指南[M]. 北京：教育科学出版社，2003.

[3]何叶，刘先强，李敏，等. 幼儿教师内生性发展培训模式的理念构建与路径探索[J]. 教育与教学研究，2017(7).

[4]赫尔姆，凯兹. 小小探索家：幼儿教育中的项目课程教学[M]. 林育玮等，译. 南京：南京师范大学出版社，2004.

[5]亨德里克. 学习瑞吉欧方法的第一步[M]. 李季湄，施煜文，刘晓燕，译. 北京：北京师范大学出版社，2002.

[6]黄人颂. 学前教育学参考资料[M]. 北京：人民教育出版社，1991.

[7]霍曼，班纳特，韦卡特. 活动中的幼儿：幼儿认知发展课程[M]. 郝和平，周欣，译. 北京：人民教育出版社，1995.

[8]刘焱. 儿童游戏通论[M]. 北京：北京师范大学出版社，2004.

[9]刘占兰. 促进幼儿教师专业成长的理论与实践策略[M]. 北京：教育科学出版社，2006.

[10]陆春燕. 让教育回归生活 把游戏还给孩子——谈幼儿园课程的生活化游戏化[J]. 山东教育(幼教刊)，2004(12).

[11]琼斯，尼莫. 生成课程[M]. 周欣等，译. 上海：华东师范大学出版社，2004.

[12]邱学青. 学前儿童游戏[M]. 南京：江苏教育出版社，2003.

[13]上海市教委教研室.幼儿园课程园本化 理论与实践的研究[M].上海:上海教育出版社,2004.
[14]司瑞玲.引导幼儿从"学会"走向"会学"的探索[J].中国基础教育研究,2009(5).
[15]王春燕.给幼儿园教师的101条建议·幼儿园课程[M].南京:南京师范大学出版社,2009.
[16]虞永平.学前教育学[M].苏州:苏州大学出版社,2001.
[17]虞永平.学前课程的多视角透视[M].南京:江苏教育出版社,2006.
[18]张华.课程与教学论[M].上海:上海教育出版社,2000.
[19]朱家雄.幼儿园课程[M].上海:华东师范大学出版社,2003.
[20]朱静怡.幼儿园发展能力课程[M].南京:南京师范大学出版社,2003.
[21]佐藤学.课程与教师[M].钟启泉,译.北京:教育科学出版社,2003.